Riccardo Tomasi

Die offenbarte Makrobiotik.

Kleine Gesundheitsanleitung
Ich habe mich gesund gegessen.

Youcanprint Self – Publishing

Originaltitel | Il piccolo Manuale della Salute. Sono Guarito Mangiando - La Macrobiotica Rivelata.
Autore | Riccardo Tomasi
ISBN | 978-88-93060-08-0

Youcanprint Self-Publishing
Via Roma, 73 – 73039 Tricase (LE) – Italy
www.youcanprint.it
info@youcanprint.it
Facebook: face book.com/youcanprint.it
Twitter: twitter.com/youcanprintit

Ich widme dieses Buch, allen die wegen Krankheit leiden, den Kindern von Afrika und Asien, die immer noch an grauenhafter Diarrhöe sterben, den Obdachlosen, den von den kommunistischen Diktaturen Unterdrückten, den Opfern von Kriegen, denjenigen, die Gewalt, Ungerechtigkeiten und Folter erlitten haben. Und ich widme es in Erinnerung meinen geliebten Großeltern Nereo und Amelia, Giorgio und Libera.

Danke Katya.

INHALT

Ändert euern Boden, das heißt, den Inhalt eures Darms! Lernt zu jeder Mahlzeit nur zwei oder drei Nahrungsmittel zu euch zu nehmen, um erkennen zu können, welches ihre reelle heilende Kraft ist. Mein Ernährungserlebnis hat mich zu zwei Erkenntnissen gebracht: Mir ist es gelungen, herauszufinden, welche Speisen meine Heilung verhinderten, nämlich alle Milcherzeugnisse, Wurstwaren, Reis, bestimmte gekochte und rohe Gemüsesorten. Dann habe ich mir gedacht, dass viele andere Personen ähnliche Ernährungsprobleme wie meine haben können, da mein und euer Körper gleich ist, und weil ich beobachtete und hörte, was andere Personen aßen. Das Ergebnis meiner Ministudie ist dieses Buch, dessen Titel sagen soll, dass es sehr wohl möglich ist, für alle, durch die Änderung ihrer Ernährungsweise gesund zu werden, indem sie Speisen einführen, die sie normalerweise nicht essen und für eine Zeit lang, mindestens zwei drei Wochen lang, mit den Speisen aussetzen, die sie täglich essen. Die Dinge, die mir schaden, wegen einiger Krankheiten, die ich hatte, sind die gleichen, die euch allen, die ihr an den gleichen Krankheiten wie ich erkrankt seid, schaden. Viele von euch werden sagen: Das ist nicht so.

Meine Antwort für euch ist: Welche Krankheit auch immer ihr habt, lernt zu beobachten und zu verstehen, welche Speisen, euch schaden, wenn ihr meine Vorbetrachtungen für gut haltet und diese kleine Anleitung als Leitfaden für eure Gesundheit nehmen wollt. Der Instinkt des Kranken ist irreführend und bringt den Kranken dazu die Speisen für richtig zu halten, die man in Wirklichkeit nicht verträgt. Die Ernährungsänderung muss von Dauer sein, wenigstens für einige Wochen oder Monate, damit sich in uns der richtige Instinkt festsetzt.

In Zukunft, wenn wir krank sind, müssen wir uns einfach daran erinnern, was wir gestern gegessen haben und die Nahrungsmittel, das Brot, den Reis und das Getreide, die wir häufig essen, austauschen. Lernt, das Getreide zu wechseln oder besser noch mit dem Getreide (Fleisch, Milchprodukte, Gemüse), was ihr am meisten verwendet, für eine angemessene Zeit auszusetzen. Esst nur natürliche Kost, das heißt, kaum oder gar nicht vom Menschen verändert. **Wir sind durch zu viel Essen krank geworden: Wenn wir wenig und ausgewählte Kost essen, können wir ganz einfach in sieben, zehn Tagen, ohne Medizin, gesund werden!**

Stark leiden und schnelle Hilfe in einer Tablette, einem Sirup, einer Spritze suchen, ist eine Illusion; die Änderung der Ernährung (am besten mit einer kurzen Fastenzeit davor) braucht ein wenig Zeit, bis ihre positive Wirkung hervortritt, aber sie ist eine sichere Therapie, die bald zur Lebensfreude führt: Es reicht ein wenig Geduld, damit das Leiden aufhört. Meine Geschichte zeigt, wie unnütz und schädigend Arzneimittel und medizinische Untersuchungen sind und wie viele Lügen die Ärzte erzählen, um zuerst dem Patienten Angst einzuflößen und sich dann später als die einzigen Bewahrer des Wissens über Krankheiten auszugeben. Doch die Ärzte sehen sich gut vor, nicht preiszugeben, wie viele Misserfolge sie zu verbuchen haben. Ich habe ihre Misserfolge nur zu gut kennen gelernt und ich werde sie euch hier beschreiben; außerdem sind die Ergebnisse, die ich mit der natürlichen Ernährung erreicht habe, unvergleichlich größer und zufrieden stellender als jedwede immens teure medizinische Methode, die an Ergebnissen nicht einmal eines hervorbringt und wenn sie einem Ergebnisse bringt sind sie nur zu einem hohen Preis hinsichtlich der Leiden und der Kosten, die wir und der Staat zahlen, zu haben. Wenn man lernt, die natürlichen Nahrungsmittel zu verwenden, als wären sie Arzneimittel, entdeckt man ihre effektive heilende Kraft, die der von den Produkten der Pharmazeutik haushoch überlegen ist. Und man kann dazu hinkommen, zu verstehen, was uns krank machte. Das war meine Erfahrung. Lernt auch, allein gesund zu werden, wie ich es getan habe. Es ist leicht. Was die Antibiotika betrifft, sie sind sehr schädlich und heilen keine Infektion: Sie schwächen den Körper. Weiter unten erkläre ich, wie ich mich von sehr schweren Infektionen ohne Antibiotika geheilt habe. Es ist keineswegs wahr, dass Antibiotika notwendig sind, im Gegenteil sie schaden sehr (auch den Tieren), vor allem dem Darm und den Zähnen. Und wenn der Schaden erst einmal da ist, kann man ihn nur schwer wieder gut machen und die geschuldete Entschädigung ist nur eine Vorspiegelung. Und wie die Antibiotika sind zahlreiche andere Arzneimittel, vor allem die Psychopharmaka Gift.

Die Psychiater, fähig jeden zu dementieren, fähig dem anderen jegliche Vernunft abzusprechen, und ihm ihre Behandlungen , die pures Gift sind, aufzudrücken.

Psycho-Psycho, ich heile dich: "Nun, sagen Sie, wie Sie sich heute fühlen?" Wie auch immer Sie sich fühlen, der Herr Doktor hat die richtige Tablette: Visionen? Gerüche? Geräusche? Stimmen? Oder merkwürdige Gedanken, wie: Ich habe Angst auf die Straße zu gehen. Ich werde wütend ohne ersichtlichen Grund. Ich träume merkwürdige Dinge. Ich bin deprimiert. Ich gebe sich widersprechende Urteile ab. Ich denke ständig an die gleichen Dinge. Ich stelle zweifelhafte Überlegungen an. Weine ich? Werde ich grundlos dick, vielleicht nach den Tabletten? Habe ich plötzlichen Durchfall, der nicht aufhören will? Ich habe halluzinatorische Gedanken: Also bin ich schwer krank. Der Richter wird nervös, starr aber immer erhaben. Er ist gebieterisch. Du musst diese Tablette nehmen.

Dann merkt der Doktor, der die Verrückten und die merkwürdigen Gedanken behandelt, dass er selbst eine Tablette braucht und...nimmt sie nicht.

Tchaikovsky hat sie gemalt, erzählten wir uns, Ich und Großvater Nereo: Der große Doktor für den die Straße ein Saal voller Lichter und Sterne ist. Doch, nachdem er ein paar Schritte gemacht hat, holt das Leben den Doktor auf seinem Weg immer ein: "Nein, nein, jetzt ist da das und das". Doch gehst nach unten, während die Wirklichkeit da oben ist. Und du Kranker wirst nur in Gott oder zu Hause die Rettung finden.

Die ersten schädlichen Lebensmittel für den Körper sind Fleisch, Milch, Yoghurt und Getreide mit zu viel chemischen Produkten; die wichtigsten sind Fisch, einige wenige Gemüsearten und Getreide ohne zu viel Chemie und kein Vollkorn - also, die besten und am verbreitesten! Sehr wichtig für den Verstand. Das Fleisch ist, auch wenn es in der Tabelle von Ohsawa eine zentrale Stelle einnimmt, in Wirklichkeit nicht wichtig, und verhindert die Ausscheidung der Säuren vom Körper (doch auf den dritten Platz, die 3 ist die perfekte Nummer für die östlichen Menschen, hat Oshawa, der Vater der Makrobiotik, in seinen Listen den Fisch gesetzt). Das Getreide, vor allem der Weizen sind gut für den Geist und Ergänzungskost, die nicht immer notwendig ist. Eine Gegenanzeige: Vermeidet Zigarettenrauch, vor allem, wenn ihr Reis, Kohl oder anderes gekochtes Gemüse esst.

Erinnerungen an die Worte von Großvater Giorgio und Großvater Nereo!
Ich bin durch Schreiben und Nachdenken gesund geworden.

Allgemeine Regel:
Fasten führt zum Begreifen: "Riccardo, hast du von einem Fisch geträumt?" fragte mich Großvater Giorgio eines schönen Tages, nach fünf Tagen des Fastens, scherzend: Ich war ungefähr fünf Jahre alt.
"Ja", antwortete ich, "Ich habe eine Fisch gesehen". Dies war das Zeichen, dass ich wieder zu essen anfangen konnte, erklärte mir Großvater. Ich hatte seit langer Zeit einen geschwollenen Bauch, Bauchschmerzen seit Monaten, mit keinem schönen Kot. Ich besuchte für sechs Tage meine Großeltern, und mein Großvater schlug mir vor, zu fasten. Endlich, nach fünf Tagen, fanden meine Leiden Linderung, was bis dahin keine andere Ernährungsweise geschafft hatte. Die Jahre vergingen, der Großvater wohnte in Treviso und wir sahen ihn selten. Mir war nur noch er geblieben als Lehrer nach dem vorzeitigen Tod meines anderen Großvaters, Nereo. Nereo war ein Genie. Er lehrte mich außergewöhnliche Dinge und nahm mich mit, wenn er einen Kaffee trinken ging (ich trank Coca Cola), die Zeitung holte oder einfach spazieren ging. Wir waren in Triest, ich meine mich zu erinnern, dass wir ins Zentrum gingen; dann zogen wir in die Peripherie, doch es war nicht schöner als vorher. Großvater Nereo war großartig; Er liebte es mit kunterbunten Geschichten Dinge zu erklären, die für andere nicht erklärbar waren. Niemand redete von dem, von dem er redete, die Magie seiner Erzählungen war einzigartig. Wir leg-

ten unsere Regeln fest, dabei waren wir uns praktisch über absolut alles einig und er lobte mich oft! Sein Tod hinterließ in mir eine absolute Leere; fünf Tage lang nahm ich nichts zu mir, dann begann das Unwohlsein. Aber irgendwie fand ich meinen Weg. Ich erkrankte mit ungefähr sechzehn an einer banalen Kolitis, die in Wirklichkeit eine Behinderung ist, für die es keine hilfreiche Behandlung gibt. Da ich mich nicht mehr an das, was ich gelernt hatte, erinnerte, verbrachte ich viele Jahre ohne Arbeit und versank in einem Meer von unlösbaren Problemen. Dann um 1977 fand ich ein wenig Kraft wieder, als ich die ersten Ernährungsbehandlungen zuerst für die Allergie und später für das Asthma endeckte. Von da an begann ein Weg, der mit falschen Behandlungen, Aberglauben, Versuchen, die langen Jahre des Vergessens zurückzuholen, gepflastert war. Heute glaube ich, dass Gesundheit und das Glücklichsein, welches ihr folgt, in den ersten Lebensjahren stärker gefestigt sind. Wenn man sie als Kind verliert, wird der Lebensweg sehr bitter. Ich habe beides zumindest teilweise wieder hergestellt, doch sagen wir, dass es noch ein bisschen braucht bis zur vollkommenen Zufriedenheit. Es wäre für alle zu hoffen, dass es ihnen gelänge, die Gaben der Kindheit zu behalten. Meiner Meinung nach gibt es keine hunderte verschiedenen Krankheiten, sondern nur einige wenige, mehr oder weniger so viele, wie Organe wir haben, weshalb die Ernährungsbehandlung nur aus wenigen Nahrungsmitteln besteht. Die Erkrankungen der einzelnen Organe und die mentalen Erkrankungen beginnen immer vom untersten Teil des Darms aus, vor allem von einem chronisch schmutzigen Rektum. Für einige existieren auch die Erkrankungen der Seele, die durch Kummer und Ärger entstehen, dazu sage ich: Wenig Getreide und wenige Speisen wie Tomate, die Freude bringt, wenige Milchprodukte, was Kraft gibt.

Die Heilung beginnt, wie der Frieden von den Kriegen von unten.
Die Natur schenkt Freude mit jedem Reiskorn oder Weizenkorn, mit jedem Blatt oder jeder Wurzel, mit jedem lebendigen Fisch oder kleinem Tier; mehr noch mit dem Buchweizen, den gebackenen Kartoffeln und dem Weißkohl!

1998 machte ich mich an die Arbeit zu "Die offenbarte Makrobiotik", die, so meine Absicht, mein erstes Buch über die Naturheilverfahren werden sollte. Ich hatte mich in die berühmtesten und
außergewöhnlichen Schriften von Manuel Lezaeta und Georges
Ohsawa verliebt. Als ich einige kleine Erfolge erzielt hatte und
nach einem ersten persönlichem Studium wollte auch ich meinen
kleinen Beitrag zu den Naturheilverfahren einbringen, da ich damals begriffen hatte, dass in der Makrobiotik das Gute steckte,
ja, aber auch und vor allem das Schlechte. Die Wechselfolgen mit
den Psychiatern, die mich "heilten" und wiederholt gegen meinen eigenen Willen (und zu diesen Zeiten sehr krank) einliefer-
ten, entfernten mich unerbittlich vom Ziel diese Arbeit, mit der
die Kunst, natürlich gesund zu werden, bekannt gemacht werden
sollte, ans Licht zu bringen. Und deshalb erreicht euch dieses
Werk mit 14 Jahre Verspätung.
Wenn ihr gesund geworden seid, bitte ich um einen kleinen Gefallen:
Erzählt mindesten 2 Personen eurer Wahl, die sehr krank sind, von eurem
Weg zur Heilung!

Die Makrobiotik des Meisters Ohsawa und die Krankheiten Yin (sauer) und Yang (alkalisch).

Wenn wir unseren Körper in einen neutralen Zustand zurück-
bringen, wenn wir unseren Körper von innen reinigen, werden
wir gesund.

Die Krankheiten Yin.

Für den Japaner Georges Ohsawa, Nyoiti Sakurazawa, waren
praktisch alle Krankheiten Yin, wahrscheinlich weil er die Annahme an den Mann bringen wollte, dass der menschliche Körper vollständig Yang oder neutral sei, was sicher jeder Grundlage
entbehrt.
Laut Ohsawa kann das Yin, auf dem Boden Neutrum oder Yang,
angreifen und zur Krankheit führen. Der erkrankte Organismus

erträgt kleine Mengen an Mineralien, die eben besonders im Getreide und Gemüse enthalten sind, und sucht die Zentralität oder Neutralität, wenn man so will.

Für mich dagegen ist der Körper, sind alle Körper und alle natürlichen Strukturen wie ein Baum, eine Struktur, in der die tragende Achse Yang ist, in der Mitte befindet sich das Neutrum (die Blätter) und außen das Yin, Blüten und Früchte. Doch man muss sehr vorsichtig sein, da es natürliche Produkte gibt, wie der Safran, die zweifellos sehr Yang sind.

Also, die Krankheiten Yin sind: Auf jeden Fall die Lunge und Atemwege, die Haut, Haare, der Magen, die Augen, Ohren, die Extremitäten;

Yin und Yang sind: Der Darm und die Organe, außer den Atemwegen;

Yang sind: Die Knochen, Zähne, das zentrale und perifere Nervensystem.

Dementsprechend sind für mich im Gegensatz zur Annahme Ohsawas, dass alle oder fast alle Krankheiten Yin sind, die Krankheiten sowohl Yin als auch Yang. Die Akupunkturärzte kennen sich zweifellos besser als ich mit diesem Fach aus. Wenn diese Demonstration bereits aus nahrungstechnischer Sicht so schwer ist, wie weit entfernt sich dann die medizinische Wissenschaft, die an Krankheiten Hunderte katalogisiert hat, von der Wahrheit? Das besprach ich mit Großvater Giorgio. Ohsawa schrieb, (ich werde Ohsawas Lehre nur in groben Zügen darstellen, um schnell zum entscheidenden Punkt zu kommen) "Die makrobiotische Diät" und mit nur einem kleinen Büchlein widerlegte er alle pseudo-wissenschaftlichen Prinzipien, über die Magier, Pseudo-Wissenschaftler, Ärzte und Gesundheitsvölker so geheimniskrämerisch wachen. Wo sie zu suchen sind, mit welchen Mitteln sie bekommen werden können, was sie entwertet hat, all das ist in ein Schema und in der Prosa seines berühmten Buchs aus tausend Implikationen gepackt. Ich werde das erklären: Ohsawa machte eine sehr stringente Synthese und verstaute unter einem Schema sauer-alkalisch die Liste der wichtigsten Nahrungsmittel. Dieses Schema, das gewollt falsch war, half mir, einige der Yin-Yang-Mechanismen zu verstehen und daraus weitere Ableitungen zu ziehen. Er machte sich über alle Pseudowissenschaften und Volksphantasien von Völkern, die weit vom Meer entfernt geboren waren, lustig, indem er jedem Platz in seiner Liste ein nützliches Nahrungsmittel zuschrieb. Es ist sehr schwer, mehr zu sagen. Aber in der Praxis, durch Beobachtung und Erinnerungen wurde ich mir gewahr, dass Fisch der wichtigste Wiederhersteller der Gesundheit ist, zusammen mit Weißkohl, Getreide und Kartoffeln. Und zur Bestätigung dieser Ansicht erinnerte ich mich, dass die vor allem geistige und damit auch physische Gesundheit mehr bei den Leuten, die dicht am Meer wohnen, zu finden ist, wie Großvater behauptete. In den alltäglichen Praktiken und Traditionen vieler Völker, besonders der, die zwischen den Ebenen und den Bergen leben, finden sich stattdessen wohl antike Traditionen, periodische Zyklen und vieles andere, aber auch Aberglaube und die sicher schwersten und am verbreitetsten geistigen und physischen Krankheiten: Die geistige Verwirrung, die Depressionen, der Verlust des Glücksgefühls, also der Harmonie.

Yin, Neutrum und Yang.

In der Tabelle , die Nyoiti erstellte, stand der Fisch auf dem dritten Platz, aber mit meinen Erinnerungen und Erfahrungen begriff ich, dass er das Konzept der Zentralität oder der Neutralität darstellte, das, was erreicht werden muss, um einen sowohl physischen als auch mentalen Zustand des Glücks zu erreichen. Fleisch dagegen verwehrt die Neutralität: Das Leben ist ein Paradoxon, sagte Ohsawa. Gleich über der Liste der wichtigsten konsumierten Fleischsorten, stellte er die Liste der wichtigsten Fischsorten (in allen Spalten, Obst, Milchprodukte, Fleisch, Fisch und Gemüse fehlen Elemente und auch bei den Gewürzen fehlen wichtige). Das Yang ist im Gegensatz zum sauren Yin alkalisch. In der Mitte befindet sich das Neutrum. Salz und Kochen erhöhen die Alkalität. Je länger man sie kocht, umso alkalischer wird die Kost. Wenn wir eine Frucht kochen, verliert sie ihren

Säuregehalt und wird süß, genauso auch das Gemüse: Man wechselt von sauer zu alkalisch.

Unter den Fischen, die im Wasser leben, das heißt in einer Umgebung, die viel kälter als die Landoberflächen ist, gibt es dementsprechend mehr Yang, und Yang ist alles, was in der Hauptskala von Nyoiti darunter gelistet ist, also Fleisch, Milchprodukte und Obst. Die Tiere aus dem Norden, der Kälte, sind mehr Yang, weil sie extreme Yin-Bedingungen, eben die Kälte aushalten müssen, deswegen sind sie verhaltener, kleiner und weniger stark. Doch die Männer und Frauen aus dem Norden erfreuen sich, das können alle sehen, eines mächtigeren, größeren und kräftigeren Körper als die Menschen aus dem Süden. Menschen und Tiere sind also Gegenteile. Der Norden bringt die Gaben der Gutmütigkeit, der Gemeinschaftlichkeit zwischen den Völkern, des Konzepts gegenseitiger Hilfe, der Sozialität. Von hier kommen die suggestivsten Melodien und Lieder. Die Menschen des Nordens essen viel gekochtes Gemüse, im Süden wird viel Obst gegessen. Die Gewürze teilen sich auch in Yin und Yang auf, doch ich muss gestehen, dass ich sie nicht zu verwenden weiß und sie mir nicht geholfen haben, gesund zu werden, auch wenn Ohsawa sie in einer seiner geheimnisvollen Listen mit Gold verglichen hat. Die Acidität, der Säuregehalt wird eben durch die Säuren bestimmt (Milchprodukte und Säuren), doch kann sie durch zu viel alkalische Stoffe vervielfacht werden: Beide zweigen auf der Straße von der Mitte ab. Gemüse ist neutral, solange es roh ist; durch das Kochen steigt es herab zum Yang (das im Körper unten, in den Beinen, ist). Die Öle stehen, in Ohsawas Skala, die ich euch noch vorstellen werde, unten, das heißt sie sind Yin, doch nach meiner Erfahrung kann ich nur Olivenöl und Sonnenblumenöl empfehlen: Die anderen Öle sind gefährlicher und erhitzen den Körper mehr.

Um schnell das Neutrum zu erreichen, was, wie ich bereits sagte, mit der allgemeinen Denkweise, nach der Fleisch und auch Milchprodukte unschädlich sind, schwierig ist, sollte man sich nach meiner Erfahrung fern von beidem halten. Selbstverständlich müssen die Kranken berücksichtigen, dass, wenn die Krankheiten durch sauren, alkalischen und neutralen Übermaß Yin, neutral und Yang sind (ich werde niemals vom neutralen Übermaß sprechen), wird die Heilung indes im Neutrum gesucht, also Fisch, gekochter Weißkohl, Kartoffeln und Getreide und bisweilen Obst. Doch die Obstkur, auf die ich nochmal zurückkommen werde, ist sehr schwierig, Deswegen, um schnell zum Neutrum zu gelangen, lasst einfach Fleisch und Milchprodukte weg (Zucker ist für mich unschädlich, im Gegenteil, er hilft den Schwermütigen und den Ängstlichen).

Hier die erste Skala von Ohsawa:

Obst Milchprodukte Fleisch Fisch Gemüse Getreide.
Höchstes Yin Obst, neutrale Mitte Fisch, höchstes Yang Getreide.

Doch auf der Seite mit dieser kleinen Tabelle seines berühmten Buches erscheint das Fleisch in der Mitte.
Man beginnt beim Sauren, dann kommt das Neutrum und zum Schluss das Alkalische. In der Chemie ist es genauso: ph 0 ist sauer, 6 neutral und 14 alkalisch.
Hier beginnt das Begreifen, um gesund zu werden: Die Begriffe Yin und Yang bedeuten nichts anderes als sauer und alkalisch. Laut dem Meister reichte es aus, wenn der Körper unter einem der beiden Übermaße leidet, DIE GEEIGNETE KOST ZU FINDEN (und sie für Tage beizubehalten), um zum Zentrum zurückzukehren. Die Behandlung war dermaßen einfach, dass Ohsawa sich wunderte, als er begriff, dass niemand im Westen sie verstand, und deswegen füllte er seine Bücher mit Ironie und gedämpfter Wut (er war zudem einer der Zeugen der beiden Atombomben, die Hiroshima und Nagasaki auslöschten, und seine Brüder, Schwestern und Mutter sind durch mit Antibiotika behandelter Tuberkolose ums Leben gekommen. In eine falsche Welt exportierte er seine „Falltür-Behandlung": Esst für zehn Tage nur Reis).
Wenn man als Bezugspunkt die Zentralität des fleischlichen menschlichen Körper nimmt, wird Fleisch in Ohsawas kleiner Tabelle zum Zentrum, doch zu Unrecht, denn Fleisch als Nahrungsmittel, habe ich festgestellt, entfernt vom Zentrum.

Öle Obst Milchprodukte Fleisch Fisch Gemüse Getreide.

Obst ist saurer als Milchprodukte, die unter anderem viel Fett und Eiweiß enthalten, und es ist mit Vorsicht zu verwenden wegen der Myriaden von Problemen, die es mit sich bringt. Nach der Entwöhnung entfernen sich alle Tiere von der Mutter und ernähren sich im Einklang mit der Natur, von dem, was sie leicht sammeln können. Wir essen alle reichlich Fleisch und Gemüse (rohes und gekochtes Gemüse sind besonders gut für die Entwicklung der Intelligenz), und sind der Ansicht, dass das gekochtes Gemüse wie Kartoffeln und Weißkohl (oder Wirsingkohl), Auberginen, Gemüsesuppen sehr schmackhaft ist und gut tut, doch das steht im Gegensatz (wir widersprechen darin) zu dem, was Ohsawa behauptete.

Also, eine einfache Ernährung auf Basis von:
Nudeln und Fisch
Kartoffeln und Nudeln
Nudeln und Spinat
Weißkohl mit Nudeln (und Fisch) (und Obst),
Kartoffeln und Fisch
Auberginen und Nudeln
Auberginen mit Fisch,
Wobei alle Milchprodukte, Fleisch und anderes Gemüse weggelassen werden, müsste das Richtige für uns sein.

Salat hilft den Venen, dem Herz und den Knochen sehr gut. Mit Brot oder Nudeln, Thunfisch wird das Abnehmen erleichtert.

Obst ist gut für den Geist auch bei Angstzuständen, es macht sie leichter.

Die Krankheiten Yin betreffen in erster Linie die Atemwege, die Haut und den Magen.

Da die Krankheiten Yang zu den am schwersten zu heilenden gehören, fallen die oben aufgezählten Speisen unter die wichtigsten Heilungsfaktoren für praktisch alle Beschwerden (weiter unten, wenn ich über verschiedene Krankheiten spreche, findet ihr meine wichtigsten Überlegungen). Ich verfüge nicht über die absolute Wahrheit, mein Buch solltet ihr als Leitfaden für euren persönlichen Weg nehmen.

Und vielleicht schaffen wir gemeinsam eine neue...wunderschöne Wahrheit. Habt Vertrauen und bald werdet ihr wieder lächeln!

Nachdem ich alle diese schönen Betrachtungen angestellt habe, muss ich euch allerdings darauf hinweisen, dass die erste Reaktion auf den Ernährungsirrtum das Anhalten ist.
Beobachten wir Kinder, sehen wir, dass sie, wenn sie etwas Falsches gegessen haben, mit zeitweiliger Abstinenz vom Essen die Lösung suchen: Sie suchen das richtige Essen! „Warum geht es mir heute nicht gut?" Die Kinder halten, sehr richtig, an! Kinder lernen das Essen und, welche Effekte es auf sie hat, Schritt für Schritt kennen. Wenn sie sich irren (und die Erwachsenen das Essen nicht in sie hineinstopfen) wollen sie anhalten, fasten, einige Mahlzeiten auslassen, weil sie spüren, dass es ihnen nicht gut geht; sie möchten verstehen, was ihnen weh getan hat, sie möchten das verschwundene Wohlgefühl wiederherholen. „Heute ist es nicht mehr wie gestern: Was ist mir passiert?" Sie möchten die Lösung finden: Da sie sehr intelligent sind, viel intelligenter als ihre Eltern, suchen sie die Konzentration oder das Nichts. Doch wie viele Mütter wissen ihrerseits selbst nicht richtig zu essen? Die Kinder dürfen Fehler machen, weil sie dabei sind zu lernen, sie müssen Fehler machen! Doch dann versuchen die Mütter es mit Tricks, den Regeln oder wenden sich an Jesus, um ihr äußerst persönliches verlorenes Paradies wieder herzustellen. Die Kinder suchen, was ihnen weh getan hat, fürchten sich davor, weiter zu gehen. Sie brauchen einige Stunden oder Tage, um den Mut wieder zu finden, sich zu ernähren. Natürlich wird, wenn sie auf ihrem Tellerdas Notwendige, damit es ihnen gut geht, oder gar nichts vorfinden, bald alles wieder ungetrübt sein. Doch wenn das nicht geschieht, werden die Kinder, die auf der Suche und beim Ausprobieren immer wieder auf dasselbe Problem stoßen, unter den Folgen, die viel Schaden anrichten können, leiden, wie wir alle. Das Fasten ist eine Heilbehandlung, die für die Kleinen und die Erwachsenen akzeptabel ist. Doch alle suchen im Essen Heilung, angetrieben von einem leider oft irre geleiteten Instinkt. Viele haben, um sich zu heilen, das Fasten

vorgeschlagen. Jede Person muss das für sich selbst herausfinden und lernen. Deswegen kann man sagen: Sei dein eigener Arzt, denn niemand anders kann die Verantwortung für deine Heilung übernehmen. Selbst ich erlitt Schiffbruch im stürmischen Ozean der Abhilfen und Arzneimitteln, selbst wenn sie natürlich waren.

Ich habe die Schriften von Georges Ohsawa, dem Vater der Makrobiotik, studiert, über zwanzig Jahren dachte ich darüber nach, während ich seine Poesie in der Prosa, seine verborgenen Nachrichten las und wiederlas auf der Suche nach dem wahren Sinn seiner Worte, denn ich war sicher, dass er zwischen den Zeilen dieser mit der Feder eines unglaublichen Meisters geschrieben Seiten steckt, Seiten, auf denen jedes Wort, jedes Nahrungsmittel an präzise Stellen gesetzt worden ist, die etwas bedeuteten, was zu der Zeit für mich ein Geheimnis war, zu dem ich viele Jahre lang keinen Zugang fand. Ich habe es herausgefunden, oder zumindest glaube ich es, und hier gebe ich es euch bekannt für euer, unser gemeinsames Wohl.
Mutter Natur ist wie ein Orchester, das wunderbare Musikstücke spielt. Wenn Ohsawa **Reis** schrieb, wollte er etwas anderes sagen, vielleicht Obst (oder Fisch, der an der dritten Stelle seiner Listen stand). Tatsächlich stand das Wort Äpfel genau in der letzten rechten Spalte in der Obstspalte, es war das letzte Wort, es stand dort nicht zufällig, doch Reis war dagegen das erste Wort in der Getreidespalte.
Was hat das mit all dem hier zu tun, werdet ihr sagen!
Die Äpfel standen an der Stelle der Zitronen, die, weil sie die sauersten Früchte sind, in dieser Skala (eine Skala alkalisch-sauer) ganz unten hätten stehen müssen. **Äpfel, Obst, Fisch kann man allein essen, Reis NICHT**.

Ohsawas Skalen.

Nahrungsmittel:
Getreide, Gemüse, Fisch, Fleisch, Milchprodukte, Obst, Öle, Getränke, Gewürze: So war sie komplett.
Obst:
Ananas, Papaya, Mango, Pampelmuse, Orange, Banane, Feigen, **Zitronen**, Birne, Weintrauben, Pfirsich, Melone, Pflaumen; Mandeln, Erdnüsse, Acajou-Nüsse, Wassermelonen, Kirschen , Haselnüsse, grüne Oliven, schwarze Oliven, Erdbeeren, Brombeeren , Kastanien, **Äpfel**.

Selbstverständlich setzten sich die Skalen aus allen Getreidesorten, allen Gemüsearten, allen Fleischsorten und so weiter zusammen.
Die Nahrungsmittel sind von alkalisch bis sauer geordnet, bis hin zum Obst.

In der Obst-Skala steht die Zitrone nicht an letzter Stelle, sondern der Apfel. Die Rechnung ging nicht auf. Die Zitrone ist ohne den Schatten eines Zweifels die sauerste Frucht. Warum so ein banaler Fehler? Konnte ein intelligenter Mann wie Ohsawa sich irren? Nein, also, weil sie mit Präzision an die Stelle gesetzt worden ist, war es eine Falle, eine von vielen.
Und mit Botschaften wie dieser hat Ohsawa seine mit viel Ironie geschriebener Bücher gespickt.

Kleine Vorbetrachtungen.

Mit den Äpfeln eben da:
1 Dass sie ganz unten stehen, konnte bedeuten: Tierfutter (für die Bibel wurde Eva der Apfel von einer Schlange gegeben, so wie der Mais, der am äußersten Ende der linken Spalte des Getreides steht).
2 Die Zitrone anstelle der Äpfel, in der Mitte, stand nicht an ihrem Platz.
3 Die Zitrone passt gut zu Fisch, wenn der Organismus nicht zu sauer ist und Zucker hat.

4Man kann nicht tagelang nur Getreide essen, das macht sehr krank.

5 Reis mit Milchprodukten schadet dem Denken und den Zähnen.

Und auch hier musste Ohsawa verstanden, studiert, reflektiert werden, ein Mann, der auf einer Insel geboren ist, auch wenn sie so groß wie Japan ist!

Essig mit Honig. Georges Ohsawa, unser großer Freund und Meister Nyoitu, war nicht nur eine sublimer Schriftsteller, sondern hat der Welt eines seiner wirkungsvollsten Arzneimittel geschenkt, das für alle, die unter Krankheiten Yang leiden, geeignet ist, Ohsawa scherzte, als er sagte, dass dieses Heilmittel für eine kleine Zahl Personen sehr Yang angezeigt ist. Im Westen sind wir alle entweder sehr Yin oder sehr Yang, wir sind Extremisten! (Ohsawa reichte es sogar aus, indem er die Yin Kranken und Yang Kranken nach Krankheitskategorie aufzählte). In der Tat essen wir viel Fleisch (das zum schlechten Yang führt) und viele Milchprodukte. (Die Tiere sind das Gegenteil von den Menschen, sie ernähren sich sehr Yang und neutral, nur die Affen essen viel Obst). Essig mit Honig, die Yin+Yang (sauer + süß) sind, sind ein wirkungsvolles Heilmittel auch bei Zahnschmerzen, die Yang (zu viele Milchprodukte und Reis) sind. Zahnschmerzen werden durch eine Kontraktion der Nerven, die sich verkürzen, ausgelöst. Dies wird durch Reis und Milchprodukte begünstigt. Sie werden geheilt, indem man (wenig) Fisch, Weizen, Buchweizen, Auberginen, Kartoffeln isst. Ohsawa schrieb, dass geröstete Auberginen, die Asche, dazu diente, Zahnschmerzen zu heilen: Die Asche! Habt ihr jemals versucht Auberginen mit wenig Nudeln bei Zahnschmerzen zu essen? Versucht es, für mehrere Tage! Wollen wir uns daran erinnern, dass es nicht einmal vor hundert Jahren nur sehr wenige Zahnärzte mit, im Vergleich zu heute, verrückten Instrumenten gab? Wie sollten die Menschen da gesund werden, wenn nicht mit Fasten und Ernährung? Bevor ich diese Zeilen geschrieben habe, habe ich persönlich an mir selbst Essig + Honig ausprobiert, ich habe sogar ganz wenig Wasser dazu getan! (Es ist ein optimales Heilmittel für die Beschwerden Yang, **doch nicht für Asthmatiker, die Yin sind**).

Kleine ukrainische Kirche mit Wolken: Danke, mein Herr.

Kolitis und chronischer Durchfall sind unter den am schwersten zu heilenden Krankheiten, meiner Meinung nach. Stellt euch einen Schlauch vor, der voll ist mit: Unverdauten Nahrungsmitteln, Kot, Bakterien, Wasser, bei 37°C ohne Luft!
Welche Medizin kann diesen Inhalt desinfizieren und gleichzeitig die Entzündung des Organs, des Schlauches, der all dies enthält, behandeln?
Welcher Kräutertee kann diese Arbeit leisten? (Nur die Kamille hat nach neusten Entdeckungen, diese Wirkkraft, aber ihr müssen die richtigen Nahrungsmittel zur Seite gestellt werden).
Welches homöopathische, chemische oder natürliche Mittel?
Welches Wunder kann die Bakterienzahl, die jedes Mal, wenn der Kranke Kost zu sich nimmt, die Nahrung für die Bakterien ist, neu zum Leben erwacht und wächst, weil sich die Bakterien eben von dieser Kost ernähren, vermindern?
Allergien gehören stattdessen zu den mit der Ernährung am leichtesten zu heilenden Krankheiten: Es reicht das Fleisch (vor allen Wurstwaren) und alle Milchprodukte für mindesten 2-3 Wochen vom Speiseplan zu streichen.

Georges Ohsawa hatte den Heilungsmechanismus der Ernährung bei bakteriellen und viralen Krankheiten verstanden (zum Beispiel auch in "Cure naturali per malattie incurabili" Verlag Pratika MEB) doch hat ihn zwischen den Zeilen seiner Schriften versteckt und machte sich über den westlichen Mann, der von diesen mikroskopisch kleinen Monstern terrorisiert war, lustig! Und er war der Erste, der die westlichen Ärzte als BETRÜGER definierte, nachdem er seine Mutter und seine Schwestern und seinen Bruder an Tuberkulose hat sterben sehen, nachdem sie umsonst mit Antibiotika behandelt worden waren. Er rettete sich, aber fastete sechzig Tage lang! Danach erschuf er die Makrobiotik mit der japanischen Mentalität: Der Meister muss die Studenten stimulieren, aber er darf ihnen die Antworten nicht geben! Weil sie sonst nichts lernen!
"Jeder muss an jedem Tag in jeder Nacht alles lernen, vor allem, von einem starken und grausamen Feind; ohne Kampf wird man träge, schwach und dumm. Dieser Leitfaden eures Lebens ist mehr als ausreichend in dieser großen Schule. Ich habe nie ein Buch geschrieben, das auf so viele Probleme antwortet, obwohl ich über dreihundert Bücher in Japanisch geschrieben habe. Im Osten stellt der Meister Fragen, aber er antwortet nicht: Er stärkt so das Urteilvermögen seiner Schüler. In der großen Schule des Glücks und der Freiheit, ist die einzige Lehre die Praxis, die Theorie ist nichts weiter als ein Produkt des Denkens". Aus „La dieta macrobiotica" herausgegeben vom Verlag Astrolabio.
So schrieb und rechtfertigte sich der Meister. Und er gab keine Antworten. Er wies nur den Weg, indem er ihn zwischen den Zeilen seiner Schriften versteckte und immer wiederholte: Das Leben, jedes Phänomen, setzt sich immer aus mindesten zwei Elementen zusammen. Doch in seiner Diät empfahl er, um sich von jeder Krankheit zu heilen, zehn Tage lang nur Reis zu essen: Es fehlte mindestens ein Element.
" Meine Hand zittert, heute, und meine Augen sind seit vielen Tagen geschwollen vom Weinen, als sich in mir die Kenntnis von

der Wahrheit immer deutlicher ihren Weg bahnte. Genau 35 Jahren nach seinem Tod, habe ich heute die Ehre, der Welt die Wahrheit über die Makrobiotik, dem Text, mit dem Herr Ohsawa behauptete, jede Person in die Lage zu setzen, sich von jeder Krankheit perfekt zu heilen, in die Hände zu legen. In Wirklichkeit brachte Nyoiti Sakurazawa gewollt die Konzepte von Yin und Yang durcheinander. So begann ich mein erstes Buch "Die offenbarte Makrobiotik", 1998. Doch ich wurde von den Psychiatern gebremst und musste Tests und Behandlungen für die nach meiner Erfahrung und Kenntnis schwierigsten Krankheiten finden. Ich war bereit den Meister bei den Hörnern zu packen, aber in mir drin, war ich durcheinander, aus dem einfachen Grund, weil die von ihm erstellten Listen einer präzisen Ordnung folgten und nicht nach gut Glück geschrieben worden sind. Heute habe ich endlich die Güte und die Weisheit George Ohsawas empfangen: Tokyo 1966, die Welt hat seinen berühmtesten Lehrmeister verloren.

Im Gegensatz zu unseren außereuropäischen Freunden haben wir Zivilisierten und Reichen in unseren kälteren Gebieten keine Insekten oder Parasiten, die uns jeden Tag angreifen. Doch wir schaffen unsere Feinde im Inneren unseres Körpers: Indem wir zu viele und die falschen Nahrungsmittel essen, oder indem wir immer die gleichen Dinge am Tag und wochenlang, monatelang essen, oder indem wir Produkte essen, die chemische Inhaltsstoffe enthalten, die wir nicht einmal kennen, wir wissen nur, dass dieses Essen weniger schmackhaft und verdaulich ist (Man muss nur in die armen Länder gehen, um das zu merken). Wir stecken in unseren Darm Nahrungsmittel, die wir nicht richtig verdauen können, die nicht wie die natürlichen Chemie freien Speisen sind, die aus dem Körper gleiten, ohne ihm zu schaden. Unsere Nahrungsmittel schaden dem Körper und dem Geist auf eine stillere aber stetige Weise; statt synthetisch machen sie uns analytisch, statt einfach, sehr gerissen, ja, sehr klug , ja aber total skeptisch, ohne soziales Gefühl, einzig auf unser persönlichen Gewinn gerichtet. Die Krankheit verschmutzt zuerst den Geist, dann den Körper und das Leben. Ohne Güte gibt es nicht einmal Gerechtigkeit, da die Fähigkeit zu verstehen, vollständig fehlt: Wenn man die Ernährung ändert, stellt man in kurzer Zeit die

besten Eigenschaften wieder her und bekommt wieder Lust zu schaffen und zu lachen!
Ich möchte an dieser Stelle an die Ärmsten und Verlassensten auf der Welt erinnern. In mir stieg eine große Traurigkeit auf, als ich in Brasilien die Leute ohne Haus noch Arbeit, ohne Wasser noch Elektrizität gesehen habe, wie sie in Lumpen gehüllt durch Felder ohne Bäume streiften, Frauen, Männer, Kinder, eingezäunt von zig oder hunderten Kilometern Maschendraht oder unmoralischen Stacheldraht. In Australien konnte ich in der Fernsehserie "Red, der vagabundierende Koch" (LAF tv) die australischen Aborigines zu einem Leben in der Wüste mit nichts verbannt sehen, gezwungen sich von RIESENEIDECHSEN mit kaum etwas anderem zu ernähren, Kinder, Alte, ohne Leben noch Hoffnung, während nur wenige Kilometer entfernt in den faszinierendsten Städten der Welt fröhlich Bier getrunken wird. Es scheint mir nicht, dass es auf der Welt an Geld fehlt. Ich wende mich all diejenigen, die etwas tun können: Ich bitte euch, machen wir etwas. Die Welt ist groß, im Westen herrscht eine Wirtschaftskrise: Warum nicht eine Wirtschaftsrevolution ins Leben rufen? Mit dem Einsatz von Menschen und Mitteln könnten wir akzeptable Lebensbedingungen in die arme Welt bringen, nicht nur Wasser und ausbeutende Industrien, ich meine eine Investition im großen Maßstab, um Leben zu retten und denen, die mehr leiden, Heilpflanzen, Wohnungen, Arbeit zu bringen. Glaubt ihr nicht, dass könnte in einigen Jahren einen außergewöhnliche Rückkehr geben? Die Personen, die laut einigen keine Lust haben zu arbeite, sind meiner Meinung nach in Wirklichkeit krank! Diejenigen, die von Almosen und Betteln leben, halten ihr Leben für sehr hart und hässlich, sie freuen sich niemals, machen sich ewig Sorgen! Natürlich möchten sie arbeiten wie alle! Ein Haus haben, saubere Kleidung. Aber können wir uns nicht denken, dass einer es nicht schafft? Er schafft es einfach nicht! Müssen die Staaten nur Geld für die Krankenhäuser und das Gesundheitswesen, Waffen, Verschmutzung, Straßen, Beleuchtung, Schule ausgeben? Welche anderen Dienste werden den Bewohnern der Welt zur Verfügung gestellt? Vergnügt ihr euch in Wirklichkeit in exklusiven Clubs und Lokalen mit strengen Etiketten? Ein Leben in Watte gepackt?

Wer hat uns diese Etiketten aufgegeben? Versucht zu raten. Wer hat in die Ohren der Welt Watte gestopft? Dies sind zwei sehr wichtige Fragen, über die man nachdenken sollte. Und noch eine (das ist kein Scherz): Seid ihr wirklich, tief religiös? Für mich entsteht der wahre Glauben im Erkennen von Gottes Hand in der Heilkraft der Nahrungsmittel, den gebräuchlichsten, die in unsere Reichweite gestellt worden sind!

Ohsawa, die Apokalypse und meine Vision.

Ohsawa verwies in seinem Buch auf die sieben Instanzen des Gottesgerichts. Und sprach von der Eigenschaft der ersten Christen nicht auf die Verfolgungen, auf die Boshaftigkeit zu reagieren. In der biblischen Apokalypse, das Buch wendet sich an die sieben Kirchen Kleinasiens: Efeso, Smirne, Pergamo, Tiatira, Sardi, Filadelfia und Laodicea. Die Gläubigen wurden ermutigt, den Verfolgungen durch die Obrigkeiten der Römer Widerstand zu leisten und ihnen wurde der Anbruch des Reiches versprochen. Das Buch spricht von Verfolgungen der Märtyrer des Glaubens durch die Amtsträger. Eine sehr schwerwiegende Gefahr für das Christentum. Es ist von dem Öffnen der sieben Siegel die Rede, von der Sendung der Geißeln, den vier Reitern der Apokalypse (Hungersnot, Krieg, Pest und Tod). Im zweiten Kapitel gibt es sieben Zeichen: Die Vision der Frau mit dem Kind, die vom Drachen mit den sieben Köpfen und zehn Hörnern verfolgt wird. In den folgenden Kapiteln werden weitere Zeichen beschrieben: Das Seeungeheuer, das Erdungeheuer, das Lamm und die Jungfrauen, der Sohn des Mannes und die Engel der sieben Plagen. Den sieben Kelchen folgt die Ankündigung des Sturzes Babylons, der berühmten Hure. Die Ereignisse: Zwei eschatologische Schlachten im Abstand von tausend Jahren: Zerstörung des Reiches des Antichrists mit all seinen Anhängern und der in Ketten gelegte und ohnmächtige Satan. Das tausendjährige Reich Christus und der Märtyrer. Am Ende der Zeiten, zweite und letzte

Schlacht gegen Satan; fruchtlos, wird er in den Feuerteich geworfen, zusammen mit dem Tod und der Unterwelt. Das himmlische Jerusalem bleibt. Die Sprache der Apokalypse ist durch Visionen, Bilder und Symbole charakterisiert. Futuristische und eschatalogische Vision: Ankündigung des Endes der Welt. Historische Vision: Die erzählten Ereignisse entwickelten sich vom 1. Jahrhundert bis zum zweiten Kommen Christus. Das Buch schließt mit der Niederlage der wilden Bestie, dem tausendjährigen Reich und dem himmlischen Jerusalem (Quelle Wikipedia). Ich frage mich: Stimmte es etwa nicht, dass in der Antike die Religionen eng mit der Ernährung verbunden waren? Und dass der religiöse Mensch in der Nahrung deutlich das Werk des Schöpfergottes sah, das einzig auf das Wohl ausgerichtet war? Welches Urteil konnten die sieben Kirchen der sieben Städte der Apokalypse erwarten?

Als Kind in Triest im Alter von ungefähr drei Jahren begann ich Visionen zu haben, ich sah nicht in die Wirklichkeit, in die lebendige Welt: Sie öffnete sich wie ein Bildschirm vor meinen Augen, sichtbar für mein Gehirn, mit perfekten Bildern! Das erste Mal spielte ich gerade auf dem grünen Linoleumboden im Esszimmer der Großeltern mütterlichseits in Barcola Triest, am Meer. Eine Holzbühne öffnete sich vor meinen Augen mit Treppen und dunkelroten Vorhängen an den Seiten. Ich war davor, oben und beobachtete. Es traten nackte Männer mit Schwänzen und Hörnern auf die Bühne, sie überquerten sie von links nach rechts und traten ab. Die Szene schloss sich und ich kehrte zu meinen Spielen zurück. Am nächsten Tag und noch einmal die darauffolgenden zwei Tage, öffnete sich die Szene wieder, die Männer zogen vorbei und ich beobachtete. Am vierten Tag hörte ich Worte, das einzige Mal. Da war ich und im großen Buch des Lebens lesend und blätternd drohte ich den Teufeln Strafen für ihre Missetaten an. Ich vergaß es und erinnerte mich erst vor einigen Jahren wieder daran. Aber kurze Zeit später nach den ersten vier Tagen begann ich in meinem Kopf wie in einem Fernseher mit schönen Zeichentrickfilmen, lustige Figuren und eine laufende Bildunterschrift zu sehen. Die Szene störte mich nicht, da ich gleichzeitig alles andere machen konnte. Ich sah diese Dinge für ungefähr

zwei, drei Minuten jeden Tag in meinem Leben, bis ich ungefähr
einundzwanzig Jahre alt war. Die letzte Bildunterschrift sagte:
„Frei vom Schuldgefühl".

Das falsche Ernährungsverhalten des Kranken.
1 Milch, Joghurt, alle Milchprodukte, zu viel Gemüse, außer einigen wenigen ausgewählten Arten, Getreide wie Reis, Hefeprodukte und mit zu viel Chemie behandeltes Getreide, zu viel
Fleisch und Wurst, Kaffee.
2 Immer die gleichen Dinge essen, und nur diese.
3 Zu viele industrielle Fertigprodukte.

In Italien begann ungefähr ab 1973 ein wirtschaftlicher Auf-
schwung, der zur Zerstörung der Landschaft führte, weil zahlreiche Straßen und Gebäude gebaut wurden, große und zahlreiche
Grünflächen verschwanden. Verhasste Bäume! In gewissen Städten ist man derart besessen, dass die Bäume jedes Jahr abge-
hauen werden! Die Bäume! Deren Reiz ganz in ihrer Höhe liegt,
die den Blick zum Himmel führen, im Sommer Schatten spen-
den, dem Wind zuflüstern, die Luft reinigen, die Straßen im
Herbst anmalen, die duften!
Darunter leidet die Lebensqualität für alle sehr stark, weil die
Städte und die Orte mit nur wenigen Bäumen kalte Wüsten sind,
in denen der Mensch verloren und die Lebensqualität sehr nied-
rig ist. In den Supermärkten werden in den Regalen eingepackte
Fertigprodukte ausgestellt, welche die Aufmerksamkeit des Ver-
brauchers und der Hausfrauen auf Kosten frischer Produkte auf
sich ziehen und welche proportional die Verbreitung der Krankheiten erhöhen: Die Wohlstandsgesellschaft wurde mit den Jahren die Gesellschaft der Kranken.
Es verschwanden die kleinen Tante-Emma-Läden an der Ecke,
die Mikro-Verkaufsunternehmen auf dem Bürgersteig, viele Traditionen. Dann ganz allmählich tauchten die Bauungeheuer und

die NEUEN Straßen auf. Der übermäßige Gebrauch von Chemie, erst in der Landwirtschaft und dann in der Lebensmittelindustrie, brachte einen beträchtlichen Verfall des Geschmacks und der der Gesundheit mit sich. Die Verantwortlichen sind wie üblich die Politiker und die wissenschaftlichen und pharmazeutischen ärztlichen Strukturen an den höchsten Stellen, diejenigen, welche die Befehle geben! Und diejenigen, welche die Protokolle festlegen, nach denen die Ärzte gehalten sind, die Arzneimittel des Protokolls zu verschreiben, jedem. Die heutigen Generationen, grazil, mager, mit kleinen Knochen, von schwacher physischer Konstitution sind das dramatischste Zeichen. Alte Leute, die bis zu neunzig Jahre und mehr alt werden, schwach und traurig, ohne Leben, ohne Lächeln oder lautes Lachen oder Hoffnung, in der Einsamkeit teuren Pharmaka zugetan, die tausend Nebenwirkungen haben: Besser ein wenig guten Wein oder anderes, Salo (hervorragender ukrainischer Speck) und natürliche Nahrungsmittel und lassen wir die Welt einfach mit einer durchschnittlichen Lebenserwartung von siebzig! Eine Gesellschaft, welche die Natur verherrlicht ist eine glückliche Gesellschaft, reich an physisch starken Personen, spontan, sympathisch, intelligent und Künstler: Wir, die Bewohner des 21. Jahrhunderts, was sind wir geworden? Wir müssen kämpfen, um unsere Rechte, unser Glück und unsere natürliche Umwelt, Nahrungsmittel inbegriffen, wieder zu erlangen!

4 Zu viel essen (vor allem Brot, Getreide und Fleisch) und zu oft.

5 Getreide für lange Zeit vom Speiseplan streichen (sie sind essentiell und schützen, vor allem wenn man tierische Eiweiße isst).

6 Unfähigkeit, die Ernährung zu ändern (Die Ernährung des Kranken ist wie eine Droge, das heißt, sie schafft Abhängigkeit und die Angst vor Änderung).

Die einfache natürliche Ernährung, die so gerade eben auf dem Land überlebt hat, ist woanders fast völlig verschwunden, dort, wo die Hausfrauen sich angepasst haben und nicht mehr suchen, sich mit dem Fertigen zufrieden gegeben haben. Ein gesunder Mensch kann seine Gewohnheiten zu jedem Zeitpunkt ändern, da er keine Gewohnheiten hat! Ein gesunder Mann (und so auch die Frau) ist intelligent und verhältnismäßig fröhlich und nett!

7 Zu spät essen, die Deutschen essen traditionell gegen 18 Uhr (nachts essen kann schnell zu Fettleibigkeit führen), und zu viel zum Frühstück zu essen.

8 Atmen. Oh ja, man muss nur das Auto nehmen und zum Gardasee fahren, wer in der Stadt lebt, nimmt, sobald er aus dem Auto steigt, sofort die andere Luft wahr!

Die erst Stufe der Krankheit für einige (oder alle?) der Geist.

Bei einigen manifestieren sich die ersten Krankheitszeichen am Geist; ohne sich dessen bewusst zu sein, beginnt die durch das falsche Essen vergiftete Person absurde falsche Überlegungen anzustellen, sie stellt falsche oder dumme Behauptungen auf und bleibt dabei überzeugt, immer Recht zu haben (ich rede nicht von mentalen Krankheiten). Es liegt mir fern, jemanden zu verteidigen! Ihr gelingt es nicht, Probleme außerhalb von ihr anzugehen, sondern nur ihre eigenen, sie interessiert nichts außerhalb von ihr, neues, weil sie ständig auf der Suche nach dem ist, was ihr schadet, auch unbewusst. Und sie kann tausend Ängste und launische Unduldsamkeiten haben! Wenn sie keine Hilfe findet, kann sie so für Monate oder Jahre weitermachen, bevor sich die wahren Störungen der Krankheit manifestieren. Und die Hilfe könnte auch von dir kommen. Die erste Alarmglocke ist also der Geist, der den Vergiftungszustand des Körpers mit Gedanken, Wörtern, Gemütszuständen und Verhaltensweisen wiederspiegelt. Wenn es der Person gelingt, sofort ihre Ernährungsweise zu korrigieren, wird sie unmittelbare Verbesserungen und Befriedigungen auch auf mentaler Ebene neben der physischen finden und wird die Krankheit vermeiden können! Und das Unglücklichsein.

Ich bin fünfzig Jahre alt und 1963 geboren. Mit sechs Jahren: Allergie gegen Staub, Milben, Pollen, Glaskraut zwischen Juni und Juli, Wolle, Verputzschimmel, Katzenhaare.

Um die Allergie zu „heilen", war ich gezwungen Kortison, Histamin-Rezeptorblocker, Polaramin, in starken Dosen bis zum Alter von fünfunddreißig Jahren, fast jeden Tag und fast jeden Monat des Jahres, für neunundzwanzig Jahre zu nehmen! Und das nennt man „Heilung"! Gegen die Allergien wurden mir Impfungen empfohlen, welche die Allergiephänomene immer mehr hätten vermindern sollen: Impfungen bekam ich vom sechsten bis zum achtzehnten Lebensjahr, ohne irgendein Resultat! Allergie und allergische Rhinitis bedeutet stundenlang niesen, geschwollene Augen, verstopfte und triefende Nase, ständige Entzündung für Monate, stark auch nachts. Die Allergien und die Rhinitis hörten vor dem Asthma auf, vor dem Jahr 1999, **nachdem ich beschlossen hatte, keine Milchprodukte mehr zu essen!** Mir blieb das Asthma nur noch für ein zwei Monat ein Jahr einige Jahre lang: Ich heilte es endgültig, indem ich auch Wurstwaren, Brot, Bier und alle aufgetriebenen Lebensmittel strich. Asthmatisch ab dem zehnten Lebensjahr bis 2001 für achtundzwanzig Jahre. Ich musste Bronchien erweiternde Sprays benutzen und immer daran denken, sie für alle Fälle bei mir zu haben, jahrelang. Trotzdem verbrachte ich in den Perioden, in denen die asthmatischen Krisen stärker und häufiger auftraten, oft die Nacht schlaflos voller Angst vor dem Gretchenmoment. Der kam. Asthma bedeutet auf einmal nicht mehr Luft zu bekommen. Ich erkrankte an Darmentzündungen mit sechszehn. Zuerst litt ich an Verstopfung, mit Schleim, Luft, sehr schmerzhaften Krämpfen, trockenen Kot, täglicher Erschöpfung, bis 1998 ungefähr. Die Behandlung der Ärzte war: Milchsäurebakterien (die mir Durchfall verschafften statt irgendeinen Nutzen) und Pharmaka für die „Darmbewegung", die mir Erschöpfungszustände, Herzklopfen, mentales Unwohlsein, für einige Jahre Termine bei Spezialisten und Koryphäen einbrachten, bis ich beschloss, sie nicht mehr zu nehmen und so zurecht zu kommen.

Wegen eines Pharmakum, Zi...7 Buchstaben..xa, wurde die hartleibige Darmentzündung zu eine diarrhöischen und dauerte dreizehn unendliche Jahre, mit den grauenvollsten Schmerzen und Erschöpfungszuständen. Die Arzneimittel (die bekanntesten und meist verkauften) unterbrachen zeitweilig das Phänomen, das dann jedoch unvermeidlich wieder begann. Und diese Arzneimittel haben eine antibiotische Wirkung; von einer langfristigen Einnahme wird wärmsten abgeraten! Mit vierundzwanzig ungefähr bekam ich Urethritis. Sie wurde mit Antibiotikum, ungefähr hundert Injektionen, und Tabletten für über acht Monate "geheilt". Schmerzen von den Antibiotika und Schmerzen von der Entzündung ohne Resultat; im Gegenteil ich bekam Durchfall, Gastritis und jemand sagte mir, ich wäre grün! Die Mittelohrentzündung bekam ich bereits mit ungefähr achtzehn, vergaß ich zu erwähnen. Auch dafür oral und lokal verabreichtes Antibiotikum, ohne Resultat! Wie auch gleichermaßen unnütz die Thermalwasserspülungen der Nase mit Hilfe eines krummen Eisenröhrchens, das von der Nase bis zum Gehörgang reichte, war. Dafür aber schmerzhaft. Die Gastritis machte mir kaum Probleme, sie war zwar sehr stark, aber ich ging nicht zum Arzt damit: Nach vielen Versuchen begann ich gekochten Fisch mit Gemüse und wenig Getreide zu essen. Ich wurde schnell ohne anderes gesund und wenn ich, selten, Sodbrennen habe, esse ich Fisch und denke nicht mehr daran! Herpes dauerte ein Jahr, chronische Bindehautentzündung, immer wieder kehrende Zahnschmerzen, eine schwere mentale Störung, Fettleibigkeit durch pharmakologische Behandlungen, zwei im Ausland eingefangene Infektionen, Kurzsichtigkeit! Und geschwollene Gliedmaßen. Mir ist es gelungen, auch diese Probleme durch Fasten und Essen der geeigneten Kost zu lösen! Kost, welche schlicht die ist, die ich oben genannt habe.

Es ist fast alles dokumentiert, ich habe immer noch die Fotokopie des Führerscheins, in der steht, dass ich Sehhilfe beim Fahren tragen muss.

Bilden Arzneimittel eine reale Behandlung?

Ich unterscheide zwei Typen von Kranken.

Der gelegentliche Kranke, dem es immer gut geht und manchmal ein Zipperlein hat, einen Schnupfen, Kopfschmerzen, Sodbrennen, eine Verdauungsstörung: Er nimmt Arzneimittel ein und schwört, dass sie ihn gesund gemacht haben; kaum gibt er sich her, andere Meinungen darüber zu hören.

Der chronische Kranke, der eine Sensibilität hat, über die der gelegentliche Kranke nicht verfügt. Nur der chronisch Kranke nimmt jahrelang Arzneimittel ein und weiß, dass sie nicht gesund machen, sie sind nur eine zeitweilige Abhilfe, wenn sie keinen schweren Schaden anrichten, wie zum Beispiel die stillen Magen- und Speisröhrengeschwüre, die durch entzündungshemmende Mittel und andere Arzneimittel, deren realen Wirkungen nicht einmal die Ärzte kennen, hervorgerufen werden. Ich habe selbst sehen können, was meiner Mutter passiert ist, mit mehreren Geschwüren und einer so engen Speiseröhre, dass sie monatelang keine feste Nahrung zu sich nehmen konnte und sich jeden Tag erbrach: Passiert das einfach so oder spielten die Pharmaka , die sie einnahm dabei eine Rolle? (Sie nahm keine entzündungshemmenden Mittel aber viele andere Arzneien). Zum Glück ist meine Mutter heute geheilt. Ich bin mir sicher, dass niemand in solche Situationen kommen kann, wenn er normal isst wie meine Mutter. Doch die Ärzte leugnen das.

Der chronisch Kranke wird, wenn er aufmerksam auf seinen Körper hört und nur zwei drei Nahrungsmittel zu jeder Mahlzeit zu sich nimmt, erkennen, welche davon für ihn positiv sind und welche NICHT. Der Gelegenheitskranke ist so stark, dass er keine Unterschiede merken und keinen Schaden haben wird. Das heißt der chronisch Kranke nimmt, dank seiner ausgeprägten Sensibilität, die Realität wahr und begreift sie, was dem Gelegenheitskranken nicht gegeben ist!

Gekochter Weisskohl, der meiner dreizehn Jahre langen Diarrhöe ein Ende bereitete! Indem ich ihn mit einer normalen Diät gegessen habe! **Gekochter Fisch,** der mich in wenigen Tagen von der Gastritis geheilt hat, und als ich eine Blasenentzündung hatte, befreite er mich sofort von den sehr schmerzhaften Symptomen. Gekochter Barsch, Thunfisch aus der Dose, Dorsch, Seehecht, Tintenfisch gegen Diarrhöe und für den Kolon. **Buchweizen**, für ungefähr fünfzehn Minuten gekocht, war ein weiteres Element, um die Heftigkeit des Durchfalls zu mildern. Von diesen drei Nahrungsmitteln habe ich den für mich unumstößlichen Beweis, der so bedeutsam ist, dass ich überzeugt bin, ihn publik machen zu müssen. Bei Zahnschmerzen und Nervenschmerzen lässt das Essen von viel Getreide, Eis, Essig, Safran einen, vor Schmerzen schreien! Nur Fisch, gegessen mit gekochten Weißkohl oder Auberginen oder Buchweizen (oder Nudeln), lässt einen vor Erleichterung seufzen! Das ist ein ziemlicher Unterschied!
Die negativen Beweise bekam ich als Asthmatiker zu erleben , vor allen anderen Krankheiten, die ich hatte und bei denen das Herausfinden, welche Nahrungsmittel gut und welche schlecht sind, schwierig war. Als Ex-Asthmatiker kann ich empfehlen, als allererstes die Milchprodukte, alle, und zu viel Fleisch zu vermeiden. Aber auch die Nahrungsmittel mit Hefe, Bier, Pilze, Dosennahrungsmittel und industrielle Nahrungsmittel im Allgemeinen, Aufschnitt, Wurst, zu viel Brot! Viele Personen ernähren sich ziemlich natürlich, ziemlich gut: Sie essen eine Vorspeise, eine

Hauptspeise aus Fleisch oder Fisch bestehend, ein wenig Gemüse. Obst wird zwischen den Mahlzeiten gegessen, Wasser oder Wein. Aber vermag diese Ernährung den chronisch und den gelegentlich Kranken zu heilen? Den Gelegenheitskranken meiner Meinung nach ja, der chronisch Kranke stößt dagegen auf Widerstände und muss auf ausgewählte Nahrungsmittel in wirklich geringen Mengen zurückgreifen: Je eher er es macht, umso früher wird er wieder lächeln können. Man kann nicht gesund werden, wenn man zwischen den Mahlzeiten Imbisse, Süßigkeiten, Kaffee, Zigaretten, Joghurt, Käse, Snacks, konservierte Speisen, Dosenkost usw. konsumiert. Außerdem muss ich anmerken, dass viele Krankheiten eine sehr strenge Diät verlangen, wie die Gastritis, die keine Milchprodukte erlaubt, oder chronischer Durchfall, bei dem ich, um gesund zu werden, nur wenige und ausgewählte Nahrungsmittel für mehr als zwei Wochen essen konnte! Viele Gemüsesorten sind kontraindiziert! Milch, Kaffee, viel Obst, zu viel Kost! Ernsthafte chronische Krankheiten erfordern auch eine Ernährungsänderung für eine nicht kurze Dauer, doch verzweifelt nicht und hört nicht auf zu suchen. Der chronische Kranke muss lernen, die für ihn geeigneten und die nicht geeigneten Nahrungsmittel zu erkennen. Wenn er dann nur mit den positiven Nahrungsmitteln weitermacht, wird er bald gesund werden und deswegen schreibe ich dem Essen einen sehr hohen Wert zu, auch der Naturmedizin. Je schwerer die Krankheit ist, umso kleiner muss das Feld der geeigneten Speisen sein, die unter einander abgewechselt werden können, und falls es wirklich von Nutzen ist, muss man fasten!

Ungefähr vor fünfzig Tagen, sind meine Fußknöchel stark angeschwollen; (ich rauchte zu dem Zeitpunkt noch und ich hatte, da bin ich sicher, in mir noch die Psychopharmaka vom letzten Jahr, Juni 2013, durch die sich Wasser im Körper ansammelt und ihn anschwellen lässt, außerdem wurde durch die Psychopharmaka die Gesundheit der Zähne beeinträchtigt, sie waren wackelig geworden und dich bekam Zahnfleischbluten, sodass ich die Zahnbürste monatelang nicht benutzen konnte). Für einige Tage wusste ich nicht, was ich tun sollte: Ich aß oft Weißkohl, Brot oder Nudeln, Obst, aber die Schwellungen gingen nicht zurück. Ich hatte den Fehler gemacht Vegetarier zu werden, ich aß kein Fisch. Dieses schwerwiegende Problem dauerte bis vor kurzem an: Dann sind meine Knöchel und Beine endlich abgeschwollen, mit der Diät, die ich euch oben genannt habe: Fisch und Nudeln. Thunfisch und Brot. Hier sind unten zwei Fotos: Das erste Foto zeigt meine Beine vor vier Tagen (29. April 2014), das zweite meine Beine heute (7. Mai)!

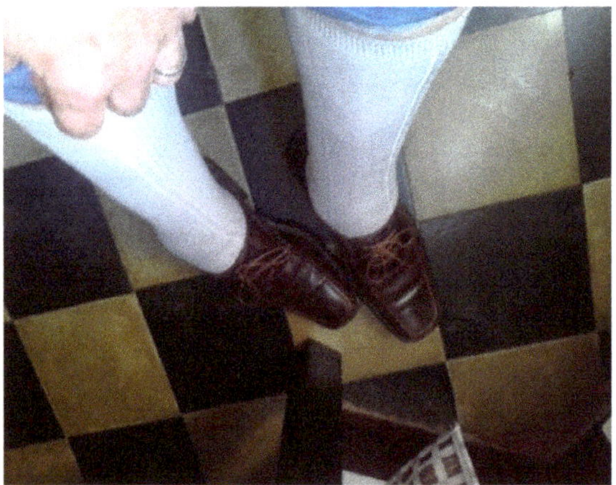

Ich war so für mehr als dreißig Tage angeschwollen! Was hätte ein Arzt gemacht, wenn ich zu einem gegangen wäre? Er hätte mir Antibiotikum und Salben gegeben!

Die Situation heute, am 7. Mai. Heute habe ich nicht gegessen und nicht getrunken, einfach, weil mir bewusst geworden ist, dass dies die schnellste Methode ist, um das Problem zu lösen. Das Ergebnis ist eindeutig!

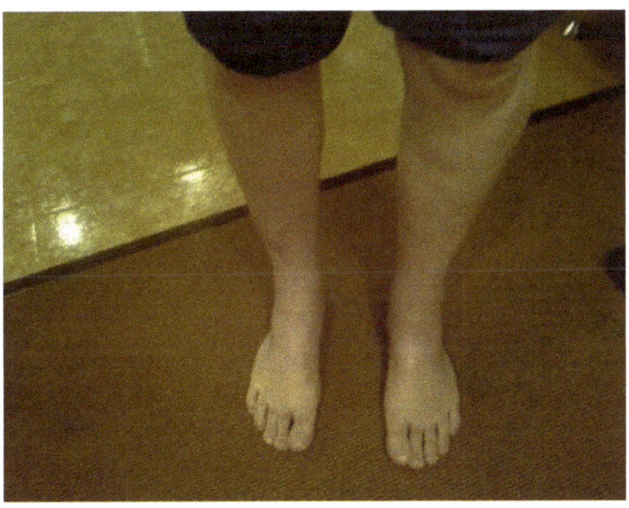

Die hier vorgeschlagene Diät ist keine Medizin, in dem Sinne, dass man noch für einige Tage, nachdem man begonnen hat die Ernährung zu wechseln oder halb zu fasten, weiter Beschwerden hat. Die Heilung erfolgt nicht in Graden, nicht Schritt für Schritt, sondern plötzlich, auf einmal, nach einigen Tagen, in denen man konstant geblieben ist! Für diejenigen, die an Kolitis leiden, wird zuerst der Durchfall weniger, dann die Luft und der Schleim, doch man kann noch eine Zeit lang weiter Beschwerden haben, bis zum großen Tag, dem Tag des totalen Nachlassens. Ich glaube nicht, dass man, um gesund zu werden, unbedingt einen schmerzhaften Prozess, bei dem die Gifte ausgeschieden werden, wie es zum Beispiel beim Fasten mit Wasser passiert, wo der Kranke zum Beispiel oft erbrechen kann, durchlaufen muss.
Für mich bedeutet Heilung, den Organismus wieder zur Normalität zurück zu bringen, indem man die entsprechenden Organe, die wir zur Verfügung haben, nutzt, also das Ausscheiden von Toxinen und all dem, was nicht funktioniert, über den Darm und die Harnwege!
Das Halbfasten arbeitet in diesem wunderbaren Sinn für uns!

Das Problem Nr. 1 der Gesundheit ist, unseren Boden zu ändern, den PH-Wert zu ändern, den Säuregehalt im Darm, der sich aus dem zusammensetzt, was wir immer essen.

Arme Tiere.

Für die Skeptiker und für euch, die ihr an nichts mehr glaubt, probiert einmal dies aus: Zerbrecht mit den Fingern eine Chilischote und berührt dann ein Auge und die Zunge mit den Fingern: Es brennt, nicht wahr? Es brennt fürchterlich! Keine Angst, jetzt gebe ich euch etwas zum Abhelfen: Wasser trinken, Brot essen oder ausspülen, nützt nichts. Gebt ein bisschen Öl (jedes Lebensmittelöl) auf die Finger, mit denen ihr die Chilischote angefasst habt, auf das Augenlid, das brennt, und auf die Zunge! Einen Augenblick und das Brennen hört auf.
Ich bin ein bescheidener seit je her verliebter Beobachter der Natur und der geistreichen aber auch ehrlichen Personen, von denen es viele in Triest und im Friaul, in der Toskana, im Veneto, in der Emilia Romagna, in Ligurien, im Süden wie im Norden überall auf der Welt gibt! Die jeden Tag gegen den Mutwillen und die Unehrlichkeit kämpfen. Die immer das Gute in allem finden und versuchen, die Tauben und Blinden zu verbessern! *Die seit je her kämpfen und es nicht mehr ertragen.* Seit Tagen esse ich als Gast in der Ukraine der lieben Verwandten meiner Katya natürliche Kost, die aus dem immer noch integrierten Anbau und integrierter Aufzucht, bei denen die Chemie (die legalisiert worden ist, von wem wohl?) nicht verwendet wird, kommt!
Italien,
in den Ställen, in den Käfigen, an den Ketten der Schande leidende Tiere!
Tiere zugestopft mit Antibiotika, Hormonen, damit sie schnell fett werden und so mehr Geld einbringen, mit Chemie im Fettgewebe, sodass sie für den Gaumen eklig werden;

Tiere, die von Ignoranten und schlechten Menschen wie Objekte behandelt werden;

von Arzneimitteln, wahren Giftstoffen verblödete Tiere;

unglückliche Tiere, die stumm ihr Leiden angesichts der absoluten Gleichgültigkeit des zivilen und gut erzogenen Menschen herausschreien;

Tiere, die durch Dosenfutter krank werden, durch Besitzer, die vergessen haben, was die Natur ist;

Tiere eingeschlossen in Käfigen, Aquarien oder Kisten wie Objekte zum Vergnügen und zur Gesellschaft von hirnlosen Leuten;

gute und sympathische Tiere, die aggressiv und gefährlich geworden sind, zur Zufriedenheit ihrer Besitzer, kleinen Männern, die sich allein nicht verteidigen können;

Tiere, Opfer der Vivisektion, die von kriminellen Lumpengesindel ausgeführt wird.

Armes Italien, gemartert von Leuten ohne Skrupel noch Intelligenz, die für ihren persönlichen Gewinn all dies gemacht haben:

Schwein, das zu einer schweren, unverdaulichen und auch schlechte Kost geworden ist,

Rind, das in der Pfanne zusammenschrumpft,

saures und gesundheitsgefährdendes Gemüse und Obst,

Salat ohne Duft (erinnert ihr euch, vor Jahren?),

immer gleiche Eissorten (einst war eine Eisdiele beliebt und charakterisiert durch seine spezifischen Aromen: Heute sind dank der Vorschrift des Gesundheitsamts, für die Produkte nur hochsterilisierte Milch zu verwenden, alle gleich, wiewohl ich Eis nicht mehr esse),

für diejenigen die an Darmentzündung leiden, schädliche Süßspeisen;

so gut wie unverdauliche und so andere Eier als die vom Bauern;

Brot, das Asthmatiker meiden sollten.

Alles Dinge, die schaden, wegen zu viel Chemie! Was von wem gewollt wurde? Wer schlug gewisse Gesetze vor und ließ sie wählen, gab die Genehmigungen?

Der gesunde Mensch verspürt jeden Tag Hunger und Durst, der chronisch Kranke fast nie! Was bedeutet das? Dass, wenn wir gesund werden, wieder anfangen Hunger, Durst und viele andere wunderbare verloren gegangene Gefühle, die das Fasten uns schnell wiederfinden lässt, wahrzunehmen.

Wenn die Zeit beginnt, immer schneller zu vergehen, achtet darauf, dass dies vor allem den Alten und den Kranken passiert, die Tage, die Monate, die Jahre vergehen viel zu schnell, ohne dass wir es bemerken. Dieses Gefühl ist der Beweis, dass unser Geist sein ursprüngliches Gleichgewicht, das wir noch hatten, als wir jung waren, verloren hat. Wenn wir uns erinnern, als wir jung waren, war die Zeit viel wertvoller, in einer Stunde, an einem Tag gelang es uns, tausend Dinge zu erledigen.

Das schnelle Wiedererlangen des wunderbaren Gefühls von einer Zeit, die wir exklusiv besitzen, die wohl vergeht, aber langsam und auf produktive Weise (**man erlangt die Intelligenz wieder**), ist die Besonderheit des Fastens ohne Wasser und der natürlichen Ernährung. Nicht trinken ist möglich, allerdings habe ich es nur für vier Tage durchgehalten. Und es war ein sehr harter Kampf. (Ohsawa schrieb, dass ein Mensch ohne Wasser zehn Tage leben könnte! Ich nicht!) Ich musste es in Angriff nehmen, denn nach vielen Tagen Fasten mit Wasser hatte ich immer noch Durchfall. Als ich vier Tage lang ohne Wasser fastete, gelang es mir den Durchfall, der mit anderen Mittel nicht aufhören wollte, zu stoppen. Am vierten Tag beobachtete ich den Sekundenzeiger, wie furchtbar langsam er ging!

Die Zeit hält während des Fastens ohne Wasser an, sie vergeht nicht mehr, wir werden wach und klar, und jede unserer Tätigkeiten wird mit Bedeutung beladen. Der Geist ist klarer als jemals zuvor, und unglaublicherweise bekam ich eine physische Energie, die man nicht einmal nach drei Jahren intensiven Sports haben kann (Sport habe ich sehr viel getrieben, davon verstehe ich etwas). Vorsicht jedoch: Das Fasten ohne Wasser wird härter, je mehr Zeit vergeht; das Herz läuft am vierten Tag wie ein Ferrari!

Auch wenn wir im Bett liegen. Ich weiß nicht, ob dem alle gewachsen sind! Auf jeden Fall erhöht das Fasten ohne Wasser die Leistung unseres Immunsystems aufs Maximum, in nur vier Tagen. Sehr wichtig am Ende des Fastens ist, nicht den Kopf zu verlieren und zu vermeiden, zu viel Obst zu essen, das den Durst wohl besser löscht als Wasser. Aber es ist besser, um das, was man gewonnen hat, möglichst lang zu nutzen, sich zu zwingen, mindesten für einen Tag nur etwas Wasser zu trinken.

Nach dem dritten Fastentag mit Wasser, begann ich mehrmals am Tag zu erbrechen, sechs Tage lang. Ich erbrach, glaube ich, fürchterliche Substanzen von dunkler Farbe, doch es gelang mir nicht, die gewünschten Heilungsergebnisse zu erzielen, obwohl mittlerweile neun Tage hintereinander vergangen waren. Doch das Fasten mit Wasser war, in Anbetracht der reinigenden Tätigkeit des Magens vor allem, ein hervorragendes Präludium für das Fasten ohne Wasser.

Meine Geschichte zusammengefasst: Der Schwindel der Arzneimittel

Im Alter von fünf Jahren erkrankte ich an Allergie und sehr starker allergischer Rhinitis. Ich nieste ständig, füllte zehn Taschentücher am Tag, meine Nase war oft verstopft und entzündet. Mit acht Jahren nahm ich bereits acht Antihistaminikumtabletten am Tag und litt deswegen an starker Müdigkeit. (Wisst ihr, wie ein Kind leidet, wenn es immer müde ist, auch wenn es lernen muss? Wisst ihr, wie man leidet, wenn die Nase ständig verstopft ist auch nachts, entzündet und triefend, monatelang?)

Mit sechzehn wog ich 63 kg (ich bin 1,73 groß) und war in perfekter Form, trotz der Allergie und dem gelegentlichen Asthma. Eines Tages las ich zufällig von einer amerikanischen Diät, die Diät der Astronauten, die Spritzendiät, und fantasierte in noch besserer Form zu sein, als ich war.

So begann ich das Getreide wegzulassen, die laut der Diät dick
machten und aß nur mehr Fleisch und Karotten. In einem Monat
nahm ich zwei drei Kilo ab, doch plötzlich begann es mir schlecht
zu gehen. Es entwickelte sich in der Tat eine starke Kolitis. Wieder Nudeln zu essen, nützte gar nichts, da sich die Kolitis mittlerweile festgesetzt hat mit ihren starken Krämpfen und viel
Schleim und trockenen krümeligen Kot.

Der Facharzt für Gastroenterologie, den ich aufsuchte, setzte
mich, anstatt mich zu fragen, was passiert sei und was ich aß,
meiner ersten sehr schmerzhaften Darmspiegelung aus, die **natürlich** (ich war achtzehn Jahre alt) nichts Ungewöhnliches
ergab. Die Behandlung war: Milchsäurebakterien und Beruhigungsmittel für die Darmbewegung.

Diese Arzneimittel ruinierten meinen Zustand noch mehr, denn,
wegen dem Pharmakum für die Darmtätigkeit, begann ich mich
erschöpft am Nachmittag aufs Bett zu legen mit einem Puls von
120 pro Minute, und die Milchsäurebakterien änderten rein gar
nicht. Natürlich ging ich wieder und wieder zum Arzt, der mich
an einem bestimmten Punkt aufgab.

Doch wir haben die Besuche bei ihm teuer bezahlt, ich hatte diese
fürchterliche Untersuchung machen lassen, ich hatte die verschriebenen Arzneimittel eingenommen: Wie war es möglich,
dass sich nichts änderte, dass ich trotz all dem immer noch so
sehr große Beschwerden hatte? War er kein Arzt? Wie war es
möglich, dass es mir immer noch schlecht ging?

Natürlich suchte mein Vater, nachdem es mir einige Jahre lang
weiter schlecht ging einen anderen Arzt, einen großen Gastroenterologen und brachte mich nach Bologna. Um es kurz zu machen, auch die Koryphäe verschrieb mir Milchsäurebakterien,
doch von anderer Art, und andere Beruhigungsmittel. Doch auch
dieses Mal brachte die Medizin keine Verbesserung, ich litt weiter und attackierte die Koryphäe mit Anrufen, die mich daraufhin
kurze Zeit später mich genauso aufgab wie der Arzt davor, trotz
den vielen Scheinen, die mein Vater für die zwanzig Minuten
Arztvisite hingeblättert hatte. Ich war wirklich empört: Wie war
es möglich, all dieses Geld zu zahlen, um dann nicht einmal ein
minimales Ergebnis zu bekommen? Zu der Zeit kannte ich die
Ärzte noch nicht, ich lernte sie erst mit der Zeit kennen, aber ich

fragte mich: Wenn ein Ingenieur ein Haus baut, das dann einstürzt, geht er ins Gefängnis. Warum war es diesen Ärzten möglich, mich zu betrügen, ohne dass ich sie ins Gefängnis schicken konnte? Die Ärzte behandeln die Personen, aber wie viele Personen werden wirklich mit ihren Arzneimitteln gesund?

Über die Darmspiegelung

Die Darmspiegelung ist nur eine Untersuchung, sie dient nicht zur Heilung für nichts und niemanden.

Der Kranke muss einen Tag vorher ein Abführmittel nehmen, am Abend, um den Darm vollständig zu entleeren. In diesem Zustand wird der Kranke am nächsten Morgen der Untersuchung unterzogen, die aus dem Einführen eines ungefähr 2-3 Meter langen Schlauchs in den Darm ins Rektum besteht. An der Spitze des Schlauchs befindet sich eine mikroskopische Videokamera, mit der der Arzt die Wände des Darms anschaut und fotografiert. An der Spitze ist auch eine kleine Zange, um eine Biopsie vorzunehmen, und das heißt, **damit reißt der Arzt kleine Stückchen von der Darmschleimhaut ab**, die dann untersucht werden, um zu bestimmen, ob Tumore oder anderes vorhanden sind.

Die Präsenz eines Tumors oder von Divertikeln ist, meiner Kenntnis nach, ziemlich selten bei jungen Menschen im Vergleich zu der Zahl der Träger von Kolitis. Deshalb, wenn man die Leichtigkeit sieht, mit der die Gastroenterologen die Kranken dazu bewegen, sich dieser sehr schmerzhaften und traumatisierenden Untersuchung zu unterziehen, würde ich gerne wissen, wie viele von tausend Untersuchungen positiv bezüglich Tumore oder Divertikel ausfallen.

In diesen Fällen behaupten die Ärzte, dass die Notwendigkeit eines chirurgischen Eingriffs, bei dem herausgeschnitten wird, besteht. (Das behaupten sie, seht dazu im Kapitel wichtige Anmerkungen nach).

Die drei Darmspiegelungen, welche die Ärzte, die gerade dran waren, mich überredeten machen zu lassen, obwohl ich sehr dagegen war, brachten kein nützliches Ergebnis. Es gab nicht eine Spur weder von Divertikeln noch von einem Tumor, und die Antwort der ärztlichen Analyse war "unspezifische nervöse Darmentzündung", was bedeutete, dass ich diese Untersuchung praktisch für NICHTS, GAR NICHTS ausgestanden hatte und es war mir keine Hilfe, um gesund zu werden. Ich frage mich: Wie hoch ist das Honorar des Arztes (den der Staat bezahlt) für die Durchführung einer Darmspiegelung?

Noch einmal über meine Krankheiten

Als ich ungefähr 24 Jahre alt war, kam zu der sehr starken Darmentzündung eine banale Urethritis, die so banal jedoch nicht war von dem Augenblick an, an dem ich, obwohl ich den Harnröhrenabstrich hatte machen ließ, obwohl das Krankenhaus Staphylokokken gefunden hatte, obwohl vom Antibiogramm angezeigt worden war, welche Antibiotika wirksam waren und welche nicht, die angezeigten Antibiotika einnahm und nicht gesund wurde. Die ärztliche Dialektik (die Ärzte sind sehr gut darin, mit Worten zu verzaubern) rechtfertigt die Erfolglosigkeit der antibiotischen Therapie geschickt mit dem Begriff: „ Antibiotikaresistenz", doch das rechtfertigt die Tatsache nicht.
Ich machte weiter mit fürchterlichen Antibiotika-Behandlungen für über acht Monate, ohne auch nur ein kleines bisschen Besserung. Am Ende entschied ich mich, die Entzündung, so wie sie war, zu behalten und schluckte keine Antibiotika mehr, doch notgedrungen musste ich beginnen darüber nachzudenken, wie ich gesund werden sollte, denn das Leiden war stark, unerträglich. Ich habe auch die Allgemeinärzte bestürmt, doch ich begann mir darüber klar zu werden, dass zum Arzt gehen, nur verlorene Mühe war und das die Arzneimittel nichts heilten. Wie viele

Leute auf der Welt in diesem Zustand leben, ist für mich ein Geheimnis, weil ich mir nicht vorstellen kann, wie viele Leute wirklich gesund geworden sind, indem sie zum Arzt gegangen sind, und ich verstehe nicht, wie den Allgemeinmedizinern und den Spezialisten weiterhin so viel Achtung entgegengebracht werden kann. Es ist eine Tatsache, dass eine sehr starke Nachfrage im Internet nach Informationen über das Heilen von den verschiedensten Krankheiten besteht. (Ich zog diese Information aus der Besucherzahl von der kleinen Internetseite, die ich geöffnet hatte, http://guariremangiando.it, die im Bericht, den Google analytics mir lieferte, stand. Leider habe ich vor kurzem die Internetseite geschlossen). Vielleicht wissen die Leute nicht mehr ein und aus, nachdem sie von Arzt zu Arzt gewandert sind? Ich glaube wirklich, das ist es, in Anbetracht meiner vierzig Jahre Erfahrung mit dem fruchtlosen Aufsuchen von Ärzten und Apotheken in der Hoffnung, etwas zu finden, das ein bisschen mehr ist als eine sehr teure zeitweilige, oft sogar schädliche Abhilfe.
Doch heute, nach den all den Arztbesuchen, nach Jahren unnützer Suche nach Heilung aus dem einen oder anderen Grund, bin ich an einem sicheren Ufer gelandet. Nachdem ich alles ausprobiert habe, Heilpflanzenkunde, Homöopathie, Yoga, Scharlatane, Priester und Segnungen, verschiedene hygienische Therapien, von der Rohkostdiät bis zum Fasten, kann ich heute miteiniger Gewissheit sagen, dass ich nicht nur Heilung, sondern eine Quelle des Glücks gefunden habe. Denn ich habe die Macht der Ernährung nicht nur als reale Behandlung für die Darmkrankheiten, sondern als Behandlung, die den ganzen Organismus, einschließlich Sehkraft und Zähne, einbezieht, entdeckt. Denn Ernährung ist keine Medizin, von der man eine gezielte Wirkung auf eine einzige Störung verlangt. Nein, die Ernährung macht viel mehr, sie bezieht den gesamten Organismus ein und kann das Leben einer Person um 180° drehen.
Ernährung ist reale Heilung auch bei Entzündungen und ich glaube, sie ist fundamental um bei jeder Krankheit Besserung zu erzielen, weil sie eben den ganzen Körper einbezieht. Wir sind krank von zu viel (nicht natürlicher) Kost!

Ungefähr 2001 nach der Rückkehr von einer Reise ins Ausland, auf der ich mir eine doppelte Darminfektion einfing (ich hatte fadenförmige Parasiten wie weiße Reiskörner im Kot) und wieder eine Harnröhreninfektion (Jahre zuvor war es mir schon gelungen, die Urethritis mit der Ernährung aufzuhalten, aber ich war noch keine Experte und die Erinnerungen daran hatte ich ein wenig verloren), war ich zu einem Halbfasten gezwungen, weil dieses Mal die beiden Infektionen wirklich furchtbar waren. Ich begann sehr wenig zu essen und nur gekochten Spinat und wenig Nudeln. Warum? Ganz einfach, weil ich noch das Buch „Die makrobiotische Diät" von Ohsawa im Kopf hatte und, überzeugt davon, dass nur Reis nicht das Richtige für mich sei, wählte Ich Nudeln und gab ein Gemüse dazu, Spinat, da Ohsawa in seinem Buch sagte, dass das Leben aus mindestens zwei Elementen bestünde: Wenn er also sagte, dass man nur Reis essen müsste, fehlte ein Element!
Ich wählte Spinat und stellte an seine Seite nicht Reis sondern Nudeln, die ich für sehr viel geeigneter und heilender befand. **Außerdem bemerkte ich, dass mit den zwei Infektionen im Körper egal welches andere Nahrungsmittel ich aß, selbst nur wenig, die Schmerzen nicht mehr auszuhalten waren!** Nur Spinat mit wenig Nudeln konnte ich durchhalten, ohne einen Arzt aufzusuchen! Aus mir kamen mit dem Kot nur Reiskörner und aus dem Penis tropfte es weiß, den ganzen Tag und die ganze Nacht! Entschuldigt bitte, aber für mich ist es besser zu wissen, als nicht zu wissen! Das ganze dauerte länger als einen Monat. Angstvoll kehrte ich zurück nach Italien, sehr mager, und ging sofort in ein Zentrum für natürliche Heilbehandlungen, in der Nähe von Venedig: Das ergab keine Resultate. Doch dann als ich mich erinnerte, dass ich schon einmal eine Uretrithis aughehalten hatte, fiel mir wieder die Diät ein und begann wieder Nudeln und Spinat zu essen, nur Nudeln, Spinat, ein wenig Süßes zum Frühstück und fast nichts anderes. In weniger als zehn Tagen wurde ich völlig gesund!

Ich konnte nur Spinat und Nudeln essen, ohne zu viele Schmerzen zu haben, vier fünf Gabeln voll Nudeln, als wäre das Essen wirklich eine Medizin, die in kleinen Mengen eingenommen werden muss, als wenn ich auf diese Weise nur meinen Körper nähren könnte und nicht die Krankheit, weil das Essen keine Zeit hat bis zur Krankheit zu kommen, weil es vorher metabolisiert und absorbiert wird, und so verhungert das Übel....sozusagen. Ich litt sehr und hielt deswegen so gut ich konnte durch, wenig zu essen. Doch auf einmal, eines schönen Tages, wurde ich belohnt: Meine Sehkraft (ich trug Brille) begann immer besser zu werden und, zu meiner großen Freude, begriff ich, dass diese Ernährung funktionierte, ich heilte meine Kurzsichtigkeit! Ich machte, so lange ich konnte, weiter, wenig und Spinat und Nudeln zu essen, und schließlich besiegte ich auch die beiden Infektionen, die Darminfektion und die Harnröhreninfektion. Die Schmerzen der doppelten Infektion verschwanden wie durch Zauberei. (Ich verbesserte meine Sehkraft des rechten Auges, schon als Kind ewig kurzsichtig, von vier Dezimalen auf 9 Dezimalen). Ich war geheilt, allein, durch Essen, ohne irgendeine Medizin , ohne einen Arzt.

Seitdem hatte ich kein Asthma, keine Allergien, keine Mittelohrenentzündung, noch Herpes mehr (vor zwei Wochen hatte meine Lebenspartnerin ein wenig Herpes: Ich habe sie trotzdem geküßt, aber den Herpes habe ich nicht bekommen).

Ich war unglaublich froh und sprach darüber mit meinen Eltern. Es blieb nur noch ein Problem übrig: Die Kolitis, die schwer auszureißen ist, auch weil ich noch nicht das Wissen hatte, das ich in den darauffolgenden Jahren entwickelte. Ich begann wieder schlecht zu essen, und ich aß weder Fleisch noch Fisch, sondern aß viel Reis und Käse, mit Gemüse. Ich wendete mich wieder an einen Arzt (Kassenfacharzt) wegen Stimmungsschwankungen. Mir wurde ein Pharmakum, Z....7Buchstaben...a, verschrieben, und in kurzer Zeit entwickelte sich meineKolitis zu einer fürchterlichen Diarrhöe, bei der sich mit wechselnden Phasen mein Darm bis zu 15 Mal am ´Tag entleerte (für Jahre). Ich werde nicht von den anderen Nebenwirkungen sprechen, die mir gewaltig schadeten, auch nicht von den anderen Arzneimitteln und den anderen Fachärzten, eine wahre Tortur, die dreizehn Jahre dauerte, weil es mir zu schwer fällt, darüber zu sprechen. Doch sollt ihr wissen, dass gegen dieses Pharmakum in den USA eine Sammelklage eingereicht wurde und Tausende von Personen entschädigt worden sind, während in Italien dieses Pharmakum immer noch ruhig verschrieben wird. Mein Leben wurde verwüstet. Ich konnte nicht aus dem Haus gehen, davon konnte nicht die Rede sein. Dieses Pharmakum und andere machten mich verrückt. Ich verbrachte fürchterliche Jahre, doch noch einmal gelang es mir, da heraus zu kommen mit der Ernährung, mit einer enormen Anstrengung und unzähligen Versuchen. Heute, seit kurzer Zeit erst, habe ich die Macht des Fischs entdeckt, des Weißkohls, des Weizens (Nudeln), des Buchweizens, der Auberginen, der Kartoffeln und des Spinats (wenig essend). Dies sind die grundlegenden Nahrungsmittel für die Heilung! Ich habe entdeckt, dass es wirklich Nahrungsmittel gibt, die in der Lage sind, zu heilen, aber ich habe auch gelernt, vorsichtig zu sein. Wenn es einem gut geht, sollte man die Ernährung oft wechseln, fast jeden Tag muss die Kost geändert werden, weil sich viele Krankheiten im Körper gerade über die falsche Ernährung über längere Perioden hinweg einnisten. Wenn die Krankheit sich einnistet, kann nur eine restriktive Ernährung bestehend aus zwei drei Elementen die Situation ändern. Das war meine Erfahrung, stärker als jede Medizin, sympathischer als jeder Arzt, meine und nur meine Fähigkeit, den Problemen des Lebens die Stirn zu bieten, nur durch unsere Kraft, die sich wirklich auszahlt, was an andere weitergegeben werden sollte. Das ist das Wissen, was ich allen weitergeben möchte. Ich hoffe wirklich, dass es Personen gibt, die in kurzer Zeit fantastischen Nutzen aus der Ernährung ziehen können, so wie ich es getan habe. In mir ist das Bewusstsein erwacht, dass ich eine Mission zu erfüllen habe: An die andere Seite des Flusses die größtmögliche Zahl an Personen zu bringen.

Für die ersten Naturheilmethoden, deren Gründer Lezaeta und Ohsawa waren, haben alle Krankheiten einen einzigen Ursprung: den Darm, Magen und das heißt das, was wir da hinein tun. Ich bin damit vollkommen eine Meinung. Milchprodukte nützen überhaupt nicht, dem Organismus die nötige Menge Kalzium zu geben; das macht Fisch, der die Grundlage der Ernährung bildet. Mehr noch, Milchprodukte und Eier sind bakteriologisch übervoll an mikrobischen Leben. Gekochtes Gemüse, Getreide und Obst, praktisch Null. (Ich muss dazu sagen, dass ich nicht an den Vegetarismus glaube: Auch die tierischen Produkte haben gute Eigenschaften, aber natürlich am meisten der Fisch). Bei einer Infektion vermeidet alle Milchprodukte, Eier, Bananen, zu viel Fleisch und vor allem zu viel Getreide, viel Gemüse, zu viel Essen. Die Milchprodukte unterstützen wohl die Nerven und die Haut. Aber, wenn eure Kinder unruhig und zappelig sind, wenn sie nicht gut in der Schule mitkommen, liegt der Grund in zu viel Fleisch und zu vielen Milchprodukten. Milch zum Frühstück, Joghurt, Käse, die ihr Körper wahrscheinlich nicht gut verträgt; und dann essen sie vielleicht kein gekochtes Gemüse! Für die Naturmedizin existieren keine verschiedenen Arten von Darmentzündungen, nur verschieden Schweregrade (zum Beispiel die Colitis ulcerosa ist eine Darmentzündung, die nur schwerer ist als andere Formen). So existieren auch keine hundert verschiedene Krankheiten, sondern Krankheiten zu Lasten eines Organs anstatt eines anderen /Krankheiten Yin und Yang). Bei den meisten Krankheiten ist die Ernährung die wahre Ursache und deshalb könnt ihr nur durch die Ernährung gesund werden und meine Geschichte ist der auf der Hand liegende Beweis. Deswegen kann das, was die Zähne heilt, auch die Knochen heilen, denn Knochen und Zähne sind beide Knochengewebe. Doch das, was Knochen und Zähne heilt, hilft auch anderen Organen und heilt also verschiedene Krankheiten, die sich oft gleichzeitig in einem kranken Organismus manifestieren. Sind erst einmal die Nahrungsmittel, die unser Organismus nur mühsam verträgt erkannt, ist es leicht, sich anderen Nahrungsmittel zuzuwenden, doch die Kenntnis fordert Praxis und Beobachtung des eigenen Körpers. Beobachten zu lernen, ist wesentlich für das Gesundwerden.

Neben wenig essen, ist es notwendig zu wissen, dass man nur ein Gemüse und nur ein tierisches Eiweiß zu jeder Mahlzeit essen darf.

Wenn man zum Arzt geht und um eine Behandlung für Herpes bittet, verschreibt der Arzt eine Salbe, die vor zwanzig Jahren 24.000 Lire, für drei Gramm gekostet hat! Doch diese Salbe half überhaupt nicht. Und heute?

Wenn man zu einem Facharzt für Gastroenterologie geht, bezahlt man mindestens 150 Euro für eine 20 minütige Untersuchung. Gegen Kolitis werden Arzneimittel wie Milchsäurebakterien und Beruhigungsmittel für die Darmbewegung verschrieben. Bei wem unter euch haben diese Arzneimittel eine positive Wirkung gehabt?

Wenn man zum Allergologen geht, sind die Arzneimittel, die nach dem Testen, auf welche Allergene wir reagieren, verschrieben werden, Histamin-Rezeptorblocker, deren Wirkung für einige Stunden anhält, vielleicht sogar länger, doch dann kommt die Allergie zurück und man muss die Medizin wieder nehmen. Das gleich gilt für Asthma. Zusätzlich können Histamin-Rezeptorblocker eine starke Müdigkeit verursachen. Wie viele von euch sind mit dieser Situation zufrieden?

Wenn man wegen eines Abszess zum Zahnarzt geht, kann der Zahnarzt Antibiotikum verschreiben, bevor er den Zahn behandelt. Wie viele Tage oder Wochen wurdet ihr gezwungen, die Antibiotika-Behandlung zu machen? Und als ihr wieder zum Zahnarzt gegangen seid, tat der Zahn immer noch weh? Nach wie vielen Tagen haben die Schmerzen aufgehört? Welche Arzneimittel haben euch bei Eiterfluss oder Paradontose geheilt? Oder ist die Paradontose fortschreitend, also unaufhaltsam?

Wenn ihr Karies habt, ist es euch jemals passiert, dass der Schmerz aufhörte, ohne Zahnarzt? Mir ja, als ich Milchprodukte und Fleisch vom Speiseplan strich und sie mit Fisch, Weißkohl, Auberginen und Nudeln oder Brot ausgetauscht habe.

Habt ihr jemals das Problem Zahnfleischbluten oder empfindliche Zähne mit einer Mundspülung gelöst?

Als ihr eine Gastritis hattet, ist sie mit Arzneimitteln verschwunden? Als ihr eine Blasenentzündung hattet, wie lang habt ihr Antibiotika und entzündungshemmende Mittel eingenommen, bis sie verschwand?
Als ihr eine Mittelohrentzündung hattet, wie viel habt ihr für den Besuch beim Facharzt bezahlt? Nach wie viel Zeit ist sie weggegangen mit der verschriebenen antibiotischen Behandlung?
Wem, der Diabetes hat, ist es jemals gelungen den Blutzuckerspiegel mit Arzneimitteln zu regulieren.
Als euch der Arzt Antibiotika oder anderes oder auch schmerzhafte Diagnostiken, vielleicht sogar ohne euch vorher informiert zu haben, verschrieben hat, die dann euren Zustand verschlimmert haben, ist euch danach gelungen, eine Entschädigung zu bekommen?

Splitter meiner vielen Leiden.

Wegen Psychopharmaka bekam ich die folgenden Zahnprobleme: Karies, Eiterfluss, (gelb gewordene Zähne durch antibiotische Behandlungen), Neuralgien, Abszesse, Zahnfleischbluten, wackelnde Zähne, entkalkte Zähne, Zähne, die empfindlich auf Kälte, Wasser und Berührung reagierten. Neuralgien. Ich habe meine Zähne durch die Ernährung gerettet!

Herpes.
Meiner Meinung wird Herpes durch Erdnüsse (und zu vielen Wurstwaren) verursacht. Wenn man die herpetische Beule mit einem spitzen Instrument durchstößt, kommt Flüssigkeit heraus. Etwas Alkohol auf ein Stück Baumwolle drei vier Mal am Tag für drei Tage und, wenn man die oben genannten Nahrungsmittel und Fleisch vermeidet, ist der Herpes schnell geheilt.

Welches sind die logischen und wissenschaftlich folgenden Beweise, dass Antibiotika genau die patogenen Bakterien im kranken Organismus angreifen? Es gibt keine Beweise dafür! Wie kann man beweisen, dass ein Gift (das Antibiotikum) in unserem Körper eine antibiotische Wirkung hat? Wie kann man das beweisen? Das ist absolut unmöglich. Im Gegenteil, es wurde allenfalls bewiesen, dass der Kranke, der Antibiotikum nimmt, sich schlechter fühlt. Der menschliche Körper reagiert sofort auf jeden Angriff, auf jede Vergiftung, zu aller erst, indem er versucht mit all seinen Kräften den Angriff, die schädlichen Stoffe zu neutralisieren. Doch so ermüdet er und wird geschwächt! Was ist eine Bakterienzahl? Es ist nichts anderes als eine Gruppe von Bakterien, die aus einem Nahrungsmittel kommt! Bakterien und Schleim sind Bestandteil von Milchprodukten zuerst im Magen und im Darm und dann im Kreislauf des Körpers, die sich in jedem Organ oder Gewebe auch in den Knochen und Zähnen einnisten können und dort Schaden anrichten. Staphylokokken sind Milchprodukte! Die Katarrhe, der Schleim, der Eiter sind Milchprodukte! Die Milchprodukte können hervorragende Brutkästen für Millionen anderer und verschiedener Arten von Bakterien sein! Wann werden Bakterien zu Krankheitserregern? Durch Wärme und wenn der Körper durch eine Verdauungsstörung, die vielleicht nicht unbemerkt blieb, geschwächt ist. Dann gelingt es dem Organismus nicht, das Übermaß an Nährstoffen im Darm durch das Ausscheiden von Kot zu beseitigen. Die Bakterien werden zu viel, dem Körper gelingt es nicht sie einzudämmen und so können sie aus dem Darm wandern, denn ihre Zahl wächst, ohne dass der Körper sie kontrollieren kann, sie greifen auf andere Organe über und schädigen sie. Der Angriff auf die umliegenden Organe ist meiner Meinung mit dem Nervensystem verbunden, das vor allem von Getreide genährt wird. Zu viel Getreide bei einer Infektion oder Zahnschmerzen führt zur Verschlimmerung. Wenn man Ammoniak in einen Sack voll verdorbenen Mülls schüttet, macht es vielleicht irgendetwas, aber der Körper ist kein Müllsack, er ist lebendig, und zu glauben, dass ein Gift die vorhandene Bakterienzahl, die nichts anderes ist als im Organismus zersetzte NAHRUNG, wahrscheinlich immer Frucht schlechter Verdauung oder anderem, zu vermindern, ist absurd, ist eine Lüge! Wenn es Nahrung ist, sagt die Logik, dass es von unserem Körper gegessen wird (nicht von unserem Mund), dann muss es neu metabolisiert werden, dann muss es mit dem Kot ausgeschieden werden. Deshalb hilft Hunger (und eine natürliche entgiftende Ernährung) dem Körper, sich von den Nahrungsmittelresten zu reinigen. Die Müdigkeit ist das Zeichen, dass das Immunsystem weniger aktiv, schwächer ist! Die Schwachen, die Kraftlosen, die Ermüdeten, die Gestressten sind für Krankheiten anfälliger! Und haben niemals richtigen Hunger, nur Naschsucht, geistiges Bedürfnis.

Kann jemand in antibiotischer Behandlung in die Sonne gehen? Die Antwort ist NEIN! Warum? Weil die Antibiotika das Immunsystem schwächen, sodass der Patient empfindlicher ist und selbst das guttuende Sonnenlicht für ihn schädlich wird! Der Kranke muss nicht schwächer werden, sondern stärker, widerstandsfähiger, Wacher und intelligenter! Glücklicher! Kein chronisches Wrack! So heilt die Natur: Indem sie stärkt, nicht schwächt, die akuten Symptome verschwinden lässt, nicht noch weitere hinzufügt, das Wohlempfinden erhöht und nicht das Unwohlsein, Energie zurückgibt und nicht sie wegnimmt. Das sind keine Heilbehandlungen! Die Antibiotika, wie auch die Psychopharmaka und andere Gifte, die mit vollen Händen von den Arzneimittelverkäufern verteilt werden, schaden und heilen rein gar nichts!

Die erste Voraussetzung der Wissenschaft ist die, das sie immer und vor allem anderen die Logik beachten und erfüllen muss! Wenn es nicht logisch ist, ist es keine Wissenschaft, weil es keinen Beweis gibt! ES IST TÄUSCHUNG! Wenn ein Arzneimittel mich schwächt (ich rede von den Sulfonamiden und Antibiotika, die ich seit der Kindheit einnahm, auch bei einer einfachen Erkältung, und ich bin nicht auf dem Laufenden, was heute auf dem Markt vertrieben wird), dann ist es keine Arznei sondern ein Gift).

Wenn ein Nahrungsmittel oder ein Arzneimittel, wenn man so will, uns schadet, dann können wir es nicht gleichzeitig als Heilmittel betrachten, entweder das eine oder das andere! Die Wissenschaft erlaubt keine Ambiguität, das ist ein grundlegender Angelpunkt. Doch wenn das Nahrungsmittel in einem bestimmten Moment schädlich sein kann, kann es, sind wir erst einmal gesund geworden, neutral sein. Doch das gilt nicht für ein Arzneimittel, das kein Nahrungsmittel ist. Wenn es also schadet, wenn es Energie wegnimmt, wenn es zusätzliche Leiden schafft, sollte uns das sofort beunruhigen und wir sollten Abstand davon nehmen. Außerdem, warum einem Nahrungsmittel seine Wirkstoffe entziehen, um ein Arzneimittel daraus zu entwickeln? Wenn sie schon da sind, in den Dosen und Formen des Schöpfers! Aus Gewinnsucht, wenn man sich die Ergebnisse ansieht. Warum nicht die wirkliche heilende Wirkung auf dem menschlichen Organismus des Nahrungsmittels analysieren, vielleicht sogar in Kombination mit anderen? Weil es keine gewinnbringende Tätigkeit war und ist, es gibt nichts zu verkaufen und nichts zu verdienen! Vom Standpunkt der Naturmedizin, die ich meine, aus ist das Ermitteln von tausenden verschiedenen Krankheiten eine irreführende Überlegung, Bote der Absurdität und falscher Ideologien, die Verwirrung, Unsicherheit und Angst schaffen kann. Und es stimmt nicht, dass Stress und Sorgen krank machen (Darmentzündungen, Gastritis, mentale Krankheiten usw.). Ein gesunder Mensch wird nicht von Stress, Ängsten oder aus Sorge krank. Der gesunde Körper ist stark, widerstandsfähig und genauso sein Geist, Ein schwacher vergifteter Körper führt zu einem schwachen, ängstlichen, beunruhigten Geist.

Man überzeugt den Körper nicht mit Worten, man heilt den Geist nicht mit Worten!

Aber Körper und Geist reagieren wie ein Uhrwerk auf die bipolare vegetarische oder natürliche (mit Fisch, Getreide und wenig anderem) Ernährung, die vor allem glückliche und intelligente Personen erzeugt!

Im Januar 2014 litt ich immer noch an Diarrhöe! Seit Jahren und noch mehr Jahren. Im August-September 2013 zog ich in ein neues Haus. Meine Lebensgefährtin, Katya, nahm mich jede Woche zum ukrainischen Mix Market mit, um Sauerkraut zu kaufen, aber sie kochte es mir mit Fleisch. Ich begann ganz allmählich zu spüren, dass sich meine unaufhaltsame Diarrhöe besserte. Es war November und nach ungefähr einem Monat Ernährung mit häufigen Gerichten auf Basis von Sauerkraut, hatte ich die Idee, das Sauerkraut mit seiner frischen Komponente, dem Weißkohl auszutauschen. Ich begann mir den Weißkohl selbst zu kochen. Etwas Öl, kurz bei niedriger Hitze anbraten, dann ein wenig Wasser und Salz dazu. Zehn Minuten schmoren. Es funktionierte. Obwohl ich noch zehn Zigaretten am Tag rauchte und Kaffee trank, was bekanntermaßen die Diarrhoe verschlimmert, reduzierten sich in zwanzig Tagen meine Entleerungen von fünfzehn auf vier Mal am Tag. Die Besserung war offensichtlich! Die Heilung der Krankheiten über die Nahrung, ohne Arzneimittel! Mein alter Traum von 1998, über ausgewählte Nahrungsmittel gesund zu werden, wurde wahr. Im Februar begann ich wieder fließend zu sprechen und hörte auf, allerdings nur zum Teil, mit den Zähnen heftig zu knirschen (ich litt immer noch an den Folgen der Psychopharmaka , die ich gezwungen wurde seit 2006 zu nehmen und die meine Gesundheit ruinierten). Aber Schritt für Schritt hörte meine Diarrhöe auf. Wenn ich richtig darüber nachdenke, brauchte es mehr als einen Monat, meine Beine und Knöchel schwollen an. Anfangs maß ich dieser Sache keine Bedeutung bei, doch dann war ich an dem Punkt, dass ich kaum noch laufen konnte, außer kurze Strecken. Die Haut wurde sehr weiß und sonnenempfindlich. Sie war schlaff und aufgebläht über die Muskeln, die fast ganz verschwanden. Eines schönen Tages wurde im Fernsehen auf Italia 1 in der Folge vom 5. März 2014 von „Le Iene" ein Bericht gesendet, der die Geschichte einer Frau erzählte, die von einem metastasierten Gehirntumor gesundete (sie ertrug die Chemotherapien nicht mehr), indem sie nur gepresste Gemüsesäfte trank. In mir, explodierte, ja wirklich explodierte eine etwas! Ich kannte etwas viel besseres als zwei gepresste bittere grüne Blätter, die ich unter anderem schon versucht hatte, allerdings ohne geeignete Ernährung dazu. Seit Jahren hatte ich so einige Krankheiten geheilt, in dem ich bestimmte Kost vermieden und anderer den Vorzug gegeben habe. Ich hatte es in der Vergangenheit auch mit Säften versucht, allerdings nur kurz. Außerdem brachte mich das Wissen, das ich erworben hatte, von der Makrobiotik bis zur Naturheilkunde, direkt zur Entscheidung zuschreiben: Der große Moment, den ich so lange erträumt hatte, war gekommen. Am 10. März begann ich alles, was mir in den Sinn kam und was ich mit einer gewissen Effizienz erprobt habe, direkt ins Internet zu setzen. Mit der Weißkohl-Kur gewann ich schnell meine Energie zurück, ich begann nachts auf zustehen und schrieb inspiriert von eins bis vier Uhr nachts. Heute ist der 19. August (Ich korrigiere das Buch jetzt im Januar 2015, aber lasse die Daten stehen, wie ich sie geschrieben habe, da sie für mich einen Bezug darstellen). Ich habe wenig mehr als vier Monate gebraucht, um endlich gesund zu sein. Doch heute bin ich zufrieden. Die Heilung des Körpers ging seit Anfang März in eine gewaltiges Wiedererlangen der geistigen Fähigkeiten und des Gedächtnisses über und jeden Tag empfinde ich Genugtuung. Im Gegensatz zum Fasten, das wohl hervorragend ist, jedoch vor allem, wenn es fast spontan kommt, wie bei den Kindern, löst die Diät keine Ekstasen aus, aber stellt die Person schnell wieder her, wenn sie die richtige Kombination an Nahrungsmitteln findet.

Eine Anekdote.

Ungefähr im Jahre 1984 hörte ich im Radio (ich arbeitete im Fotogeschäft meiner Mutter) eine Sendung von Radio M.M., in der über Kolitis gesprochen wurde. Es wurde eine neue Behandlung vom Speaker (dem Radiobesitzer) publik gemacht: Ein Psychiater, ein gewisser E...9gesamt...i, eine Stadtberühmtheit, empfahl

neue Tabletten, die aus, wenn ich mich nicht irre, England kamen, um Darmentzündungen endgültig zu heilen! Einige Tage später wurde ich in der bekannten Stadtklinik, in der er seine Praxis hatte, vorstellig. In genau zwei Minuten, nicht eine Sekunde mehr, nannte er mir den Namen dieser wundertätigen Medizin und schrieb mir die Rechnung: 150.000 Lire! 1984!
Ich bezahlte, er gab mir keine Quittung und ich ging hinaus. Ein armer Junge, nicht älter als achtzehn, glaube ich, den ich in einem Zustand von Angst, mit achtzehn Jahren, nicht älter als zwanzi, vorbeigehen sah, rettete mir das Leben. Er wartete darauf nach mir in die Praxis zu treten. Er taumelte beim Gehen und war eindeutig weggetreten, offenbar war er in einer schweren pharmakologischen Behandlung mit achtzehn! Ich nahm die Medizin nicht, ich behielt meine Kolitis und dankte im Stillen Gott, der den Jungen meinen Weg kreuzen ließ.
Wie ihr oben lesen konntet, sobald meine Diarrhöe aufgehört hatte, schwollen wenige Zeit später meine Knöchel an und das schrieb ich der Tatsache zu, dass ich zu wenig Toxine ausschied, was mit ziemlicher Sicherheit an den vielen psychiatrischen Arzneimitteln lag, die ich gezwungen wurde, einzunehmen. Um die Knöchel und die Beine abzuschwellen, reduzierte ich anfangs das rohe wie auch gekochte Gemüse. Doch ich aß Fleisch und viel Weißkohl, ich hatte noch keine klare Idee. Ich musste mich erst an die Urethritis erinnern und knüpfte an die Erinnerungen an ein Tag an, an dem sie, als ich hauptsächlich Fisch mit kaum etwas anderem aß, plötzlich vollständig verschwunden war.
Doch das reichte nicht. Ich begann wieder „Die makrobiotische Diät " von Ohsawa zu lesen und wiederzulesen, bis ich eines Tages begann zu verstehen, was zwischen den Zeilen, versteckt, stand. In meinem Geist begann sich alles zusammenzufügen. Ich begann immer bei der Tatsache, dass das Obst meine Kolitis geheilt hatte (um 1998 herum ging ich in ein Hygienezentrum, wo ich sechst Tage lang nur Obst aß). Doch das war eine sehr schwierige Heilung mit äußerst unerwünschten Folgen auf mentaler Ebene (ich entwickelt eine absurde und unzähmbare sehr anstrengende Energie). Wenn das Obst ein Anfangspunkt ist, war es also mit Sicherheit falsch zu denken, dass es das Getreide war (Obst und Getreide sind Gegenteile in der Skala sauer-alkalisch).

Es musste einen Mittelweg geben. Dahin kam ich nur über Versuche, nach noch mal Monaten gewaltiger Bauchschmerzen. Um es kurz zu machen, weil meine Erinnerungen etwas verschwommen sind, ich erinnerte mich an den Fisch und den Großvater. Unsere Gespräche, mein erstes Fasten bei ihm zu Hause, meine erste Heilung. Sicher, damals hatte mich das Fasten geheilt, aber ich festigte das Ergebnissie damit, dass ich sofort danach Fisch aß.

Für mich geht die Heilung durch mindestens drei Phasen:
Die Entleerung des Rektums, das Saueberhalten des Rektums, die „Ent-entzündung" des Rektums und des Kolons. Die Ausweitung dieser beiden Phänomene auf die anderen Organe des Körpers, denen endlich die Möglichkeit gegeben wird, die Bakterienzahl abzustoßen, die nichts anderes als die Krankheit war, die eine Vielzahl an Symptomen mit den verschiedensten Namen manifestierte. Wenn der Kranke, sobald das Rektum entleert ist, wieder die Kost zu sich nimmt, die bis jetzt seine Krankheit unterstützt hat, verliert sich sofort die erzielte positive Wirkung und der Kranke bekommt sofort wieder Schmerzen. Je älter das Übel ist, umso mehr Zeit wird es brauchen, doch verzweifelt nicht: Denn der Körper ist keine Mathematik.
Meiner Erfahrung nach werden Infektionen, Allergien, Gastritis und Asthma nach Tagen konstanter Ernährung mit der geeigneten Kost geheilt, und die Heilung kam immer ohne Ankündigung: Plötzlich war ich gesund. Bei der Kolitis ist es anders verlaufen, denn eine Kolitis ist sehr schwer zu heilen, zumindest bei mir war es so. Um die Darmflora aus Bakterien und lebendigen Mikroorganismen zu ändern, braucht es gesunde und wenig Kost.

Deswegen sind die Kombinationen:
Fisch und Nudeln

Weißkohl mit Nudeln und Obst
Weißkohl mit Nudeln
Fisch mit Obst, warum nicht,
Spinat mit Nudeln
Auberginen mit Fisch und/oder Nudeln,

wenn man zu den einzelnen Mahlzeiten nichts anderes isst und die oben genannte Kost mehrere Tage lang als einzige Nahrungsmittel zu sich nimmt, nach meinem eigenen bescheidenen Urteil eine reelle Hilfe bei vielen schwierigen Krankheitszuständen, von der Kolitis zu Zahnschmerzen! Die Bakterien kann man weder schlagen noch zerstören! Wenn sie im Magen sind, reicht etwas Fisch, um den sauren PH-Wert zu neutralisieren! Doch wenn sie sich tiefer eingenistet haben, im Darm und in den Organen, kann man sie nur beruhigen, ihnen die Nahrung wegnehmen, die sie aggressiv und furchtbar macht; sie ruhig zum Ausgang begleiten! Wenn auch wenig Kost zu viel wird, ist das das Zeichen, dass man fasten muss, denn manchmal ist auch gute Kost zu viel, **zum Beispiel bei Fieber**. Starke und widerstandsfähige Bakterien, weil sie sich von natürlichem Zucker ernähren, können sich auch mit gekochtem Gemüse und Obst entwickeln.
Ich bemerkte, **dass sich der Zahnstein in wenigen Tagen sichtlich reduzierte, und ich konnte ihn mit einer kleinen Schere von den Zähnen lösen.** Auf der anderen Seite konnte ich feststellen, dass das gekochte Gemüse, der Buchweizen und die Kartoffeln, schnell dick machen können, wenn sie zu oft und vielleicht ohne Obst und Fisch gegessen werden. Ich war ziemlich geschwollen, der Bauch und die Knöchel: Ohne Fisch zu essen allerdings! Als ich mich entschloss, das gekochte Gemüse mit Fisch auszutauschen, begannen die Schwellungen an den Beinen endlich abzuschwellen.

Als ich über die Ernährungsweisen der Völker aus den warmen Ländern nachdachte, fiel mir in, dass sich ihre Hauptkost weit weg vom Meer und Tierzucht aus Getreide, Frucht und geronnener saurcr Milch zusammensetzt! Unter der brütend heißen Sonne, 40 – 50 Grad, isst man nur nachts (und das könnte zum Problem werden, das die Krankheit mit sich bringt, vor allem die

Erkrankung des Geistes, Schlafen mit vollem Magen!) und fast ausschließlich Getreide, Obst, Ricotta oder frischen Käse! Doch selten wird gekochtes Gemüse gegessen, das wohl das Gefühl der Hitze noch verstärkt! Die Völker des Südens sind in der Mehrheit mager, schnell, auch wenn viele mentale Probleme und Zahnprobleme haben, (wie alle, die unverhältnismäßig viele Milchprodukte essen). Das ist die Kontraindikation. Mozzarella erfrischt den Körper, schützt die Haut vor der Sonne. Aber zu viele frische Milchprodukte, müssten, da sie mit der Zeit vor allem schädlich für den Geist und die Zähne sind, mit Fisch, der den Körper zurück zur Neutralität bringt, abgewechselt werden.

Die Chemie des Teufels.

Der immer massivere Einsatz der Chemie in der Landwirtschaft, in der der Lebensmittelindustrie, die Werbung, die zum Beispiel verspricht, dass einige Milchsäurebakterien gut bei Darmentzündungen und Durchfall sind, obwohl sie in Wirklichkeit Durchfall verursachen,
die wundertätige Behandlungen gegen Gastritis verspricht,
die Mundspülungen gegen Zahnfleischbluten verspricht,
die endgültige Abhilfe bei Kopfschmerzen, Durchfall, Rhinitis verspricht,
Konservierungsmittel für Wurstwaren,
Konservierungsmittel im Brot und Süßgebäck,
Konservierungs- und Sterilisierungsmittel für Milch und seine Derivate,
Hormone und Antibiotika für das Fleisch noch lebender Tiere,
antiparasitäre Mittel in der Landwirtschaft.
Wisst ihr eigentlich, dass es in Italien kaum noch Bienen gibt?
Wisst ihr eigentlich, dass die Spatzen nicht mehr in den Sonnenblumenfeldern in Italien picken? Während in Osteuropa immer noch Vogelscheuchen benutzt werden?
Nahrung für die Hühner aus *chemischen* Eiern.

Ich hatte verschiedene Heilungsmomente: Indem ich sechs Tage lang nur Obst aß. Das war sehr starke Erfahrung, aber sehr schwer durchzuhalten; es braucht einen sehr starken Willen, um nur ein oder zwei Früchte am Tag und nichts anderes zu essen! Mit der Nahrungsmitteldiät geht es leichter, dauert aber länger und man muss die geeignete Kost jeden Tag neu auswählen. In jedem Fall muss man **bei der Diät die Heilung mit dem Abendessen für den folgenden Morgen vorbereiten (meiner Meinung nach ist es sehr gesund, das Abendessen ausfallen zu lassen).** Das heißt, wenn man zum Abendessen gut gegessen hat, bildet sich im Darm in er Nacht ist in wenig Luft und am Morgen hat man weniger Blähungen und Ausscheidungen. Das ist das erste wichtige Zeichen, an dem man erkennt, dass man auf dem richtigen Weg ist. Das wird wiederholt, wobei man im Kopf behalten muss, dass die Heilung niemals, glaube ich, irgendeine eine Art von Ausscheidung vom Darm vorsieht.

Die Verstopfung dagegen ist ein Heilungssymptom. Die Entzündung des Kolons beginnt beim Rektum, welches der niedrigste Punkt ist, dann setzt sich die Heilung allmählich nach oben fort. Um diese Dinge selbst zu sehen, reicht es aus, wenn ihr euren Organismus jeden Tag während der Diät oder dem Halbfasten oder dem Fasten beobachtet. Und wenn die Entzündung des Rektums zurückgeht, erhält man gleichzeitig Linderung der Beschwerden am Kopf einschließlich der Zähne!!

Der Weißkohl, und die bipolare Diät oder sich in wenigen Tagen gesund essen, einschließlich der Zahnschmerzen.

Mit der natürlichen und bipolaren Ernährung ohne Arzneimittel, bin ich in der folgenden Reihenfolge gesund geworden von:
Allergie und Asthma, die 34 und 36 Jahre dauerten;

aspezifische sehr starke Kolitis, anfänglich mit Verstopfung, die
22 Jahre dauerte (und dann mit chronischem Durchfall für 12
Jahre);
Ohrenentzündung und wiederkehrender Mumps für Jahre;
Schmerzende und wackelnde Zähne, (sie sind wieder fester geworden und ich bin nicht mehr zum Zahnarzt gegangen), Eiterfluss, Zahnfleischbluten, Zahnstein (es genügte, täglich meine
Zähne im Spiegel anzusehen, der Zahnstein löste sich mit einem
leichten Druck mit einer Pinzette und es verschwanden allmählich die Nikotinflecken), gelbe Zähne, die wieder weiß wurden;
chronische Urethritis durch Staphylokokken, antibiotikaresis-
tent (die acht Jahre dauerte, trotz Behandlung mit Antibiotika
und entzündungshemmenden Mitteln);
Kurzsichtigkeit (ich hatte -4 Dioptrin auf dem rechten Auge und
war verpflichtet beim Autofahren Sehhilfe zu tragen, diese Pflicht
habe ich nicht mehr),
sehr starke Gastritis (ich bin von der Gastritis geheilt, weil ich vor
allem Kochfisch und gekochtes Gemüse gegessen habe);
Schizophrenie (meine Diagnose wurde in schizoaffektive Störung
geändert, ich habe heute keine Störung mehr und nehme auch
keine Psychopharmaka mehr).
Ich bin sogar von Herpes an den Lippen und der Nase, für ein
Jahr und resistent gegen Arzneimittel, geheilt.
Ich bin von Warzen an den Händen, Arthritis an den Gelenken
und am Hals, von Rückenschmerzen und Bandscheibenvorfall
geheilt.
Ich bin von unglaublichen Schwellungen an den Knöcheln geheilt.
**Welche Krankheit ihr auch immer habt, ändert die Er-
nährung, indem ihr zuerst alle Wurstwaren und alle
Milchprodukte streicht,** streicht die für euch schädlichen
Nahrungsmitteln (die schädlich sind, auch wenn ihr es nicht bemerkt habt) vom Speiseplan oder befolgt, wenn es euch mit der
Ernährungsänderung nicht besser geht, meine Anleitungen für
das Halbfasten, das die einzige leichte, nachhaltige, reelle und
wirkungsvolle Therapie ist.
Wenig essen, zwei drei ausgewählte Nahrungsmittel für sieben
zehn Tage!

Für die Naturmedizin, welche die einzige echte Medizin ist, spielt der Name der Krankheit keine Rolle, sondern welches Organ betroffen ist; so werden die allgemeinen Darmentzündungen wie die Colitis ulcerosa, wie die Morbus Crohn, wie die kollagene, virale, spastische, Angst-, ischämische, lymphozytische, mikroerosive, Reise-Kolitis usw. auf die gleiche Weise behandelt. Dasselbe gilt für die Gastritis, Proktitis usw. So behandelt man die Pollenallergie auf dieselbe Weise wie die Kontaktallergie. So wird die Blasenentzündung genauso behandelt wie die Harnröhrenentzündung und die Prostataentzündung. So wird Asthma gleich behandelt wie die asthmatische Bronchitis, die grippalen Infekte die Lungenentzündungen usw. Viel wichtiger ist, ob ihr an Verstopfung oder Durchfall leidet, wofür ihr die Nahrungsmittel und die Kocharten auswählt, die für euch gut sind.

Der gekochte Weißkohl (zwischen 5 bis 15 Minuten) mit wenig Wasser und einem Tropfen Öl ist der König der natürlichen Arzneimittel (auch sehr wirksam bei chronischer Müdigkeit). Es stimmt nicht, dass alle Gemüsesorten die gleiche heilende Wirkung auf Körper und Geist haben. Meiner Erfahrung nach (wie auch der berühmte Heilpflanzenkundige Jean Valnet behauptet) ist der Weißkohl das wichtigste Arzneimittel, das uns die Natur zur Verfügung stellt, doch um seine Wirkung persönlich auszuprobieren, ist es notwendig, für mindestens zwei Wochen eine sehr einfache Diät anzuwenden, die nur aus zwei Nahrungsmitteln (bipolar) zu jeder Mahlzeit, also ein gekochtes Gemüse (der Weißkohl ist das heilsamste Gemüse) mit einem ausgesuchten Getreide, besteht. **Buchweizen ist sehr heilsam für die Bauchspeicheldrüse, da er den Blutzucker senkt**, trotzdem geht er nicht gut zusammen mit Weißkohl, da dies zu Schwellungen führt.

Ein Beispiel: Nudeln und gekochter Weißkohl, eine hervorragende Kombination für viele Gesundheitsprobleme. (Den Kohl mit Spinat oder Auberginen oder einem anderen Gemüse abwechseln). Um die Wirkung auszuprobieren kann man auch einfach Weißkohl zwei drei Mal in der Woche zu den Mahlzeiten essen, ohne Diät: Wer Zahnprobleme hat (Karies, Schmerzen, Zahnstein, Zahnfleischbluten, Eiterfluss) oder Diarrhöe wird bald seine Wirkung spüren. Man sollte ihn besser zum Abendessen essen. Bei sehr schmerzhaften Krankheiten und akuten Entzündungen wie bei Infektionen wie bei Diarrhöe, Kolitis, Blasenentzündung. Urethritis und anderen Krankheiten ist die Menge sehr wichtig:

Man muss sowohl wenig vom Weißkohl wie auch von dem Getreide essen (Fisch ist sehr nützlich vor allem bei Infektionen) und das Ziel ist, in wenigen Tagen ein leichtes Hungergefühl zu entwickeln, dem man für die gesamten zwei Wochen dieser Diät widerstehen muss (die man auch ohne Sorge verlängern kann).

Es handelt sich nur um zwei Wochen, dann kann man die Diät verändern, zum Beispiel den Weißkohl mit Obst ersetzen oder anderem gekochtem oder rohem Gemüse, zum Beispiel Spinat oder gegrillte Auberginen, Salat, Radicchio (auch während der zwei Wochen kann man natürlich den Weißkohl mit gegrillten Auberginen oder anderem gekochten Gemüse ersetzen). Indem der Kranke nur zwei oder drei Nahrungsmittel zu jeder Mahlzeit isst, gelingt es ihm zu lernen, welche Nahrungsmittel ihm gut tun und welche er streichen muss. Es reicht aus, sich zu merken, was man am Tag davor gegessen hat, um zu begreifen, ob dieses Nahrungsmittel uns gut oder schlecht getan hat, und sich dementsprechend zu verhalten und es je nachdem zu behalten oder auszutauschen. Wenn man gesund ist, kann man alles essen, doch wenn man krank ist, muss die Wahl, um gesund zu werden, sich auf Kost beschränken, die so natürlich wie möglich ist, einschließlich Fleisch und Fisch, die natürliche Nahrungsmittel mit einem spezifischen Wirkbereich sind!

Fleisch kann dem Herzen helfen, aber kann auch die sexuelle Aktivität übermäßig stimulieren. Fisch ist sehr wichtig bei sauren Magen, wenn man unter Gastritis leidet, und bei Infektionen. Und wahrscheinlich für vieles mehr. Natürlich sollte Fleisch nur für kurze Zeit verwendet werden und in kleinen Mengen. Denn Vegetarier sind glücklicher und intelligenter!

Im Süden der Welt ist man mehr Obst, das erfrischt, im Norden der Welt mehr gekochtes Gemüse, das wärmt und dick macht. Sehr wichtig für den Kranken: Vermeiden wochenlang nur Nudeln oder nur Reis zu essen; besser öfters wechseln.

Wenn ihr wirklich euren Zustand verbessern wollt, sind die Nahrungsmittel, die der Kranke im höchstenMaße vermeiden sollte, Fleisch, alle Milchprodukte, Joghurt, Eis, Kefir, Butter, Sahne, Ei, Hefe (das heißt, alle Backwaren, wie Brot, Süßgebäck, Pizza, wenn ihr Probleme mit Allergien und Asthma habt), Foccaccia, Snacks, aber auch Bier und Pilze, schädlich für Asthmatiker (Hefe ist ein Pilz und Bier ist ein Produkt aus Hefe), Honig, Dosenkost, Tiefkühlgemüse, Aufschnitt und Wurstwaren, (Schokolade ist für mich erlaubt), Puffreis, Vollkorngetreide, abgepackte süße Snacks, zu viel Essen zum Frühstück, zu viel Fleisch, zwei verschiedene Getreidesorten zu einer Mahlzeit, zu viel Kaffee (Kaffee kann dem Herzen schaden, es reicht, damit drei Tage auszusetzen, um den Unterschied zu merken!)
Honig im Tee verschafft leicht Gastritis. Chilischoten mit Getreide auch.
Rohes Gemüse vor allem, aber auch gekochtes, sollte nie morgens vor 11.30 Uhr gegessen werden. Am Morgen ist ein nicht zu starker Kaffee mit einem Stück Süßgebäck gut. Rohes Gemüse (Zwiebeln), das morgens gegessen wird, kann **plötzliche Neuralgie**n auslösen!
Trotzdem kann rohes Gemüse auch unter den Nahrungsmitteln sein, die sehr gut tun (auch wenn ich sie niemals zum Gesundwerden verwendet habe) Vorsicht gilt für die, die Darmprobleme haben und zu dick sind (sie müssen auch zu viel Fleisch vermeiden und es mit Fisch ersetzen). Weizenschrot, die Moldavier nennen es Arnautka, ist dem Couscous ähnlich, aber meiner Meinung nach besser, es ist hervorragend. Wenn ich mich recht erinnere, habe ich vor Jahren gelesen, dass es eine leichte antibiotische Wirkung hat, besonders bei Blasenentzündungen und Bronchial- und Lungenkrankheiten (Atemwege). Man kann es als Vorspeise probieren. Jedoch müssen die, die unter Koliken, Schwellungen oder Zahnschmerzen leiden, denen empfehle ich es auf keinen Fall! Wie ich auch von Vollkorngetreide abrate.

Wir können uns von unserem Instinkt leiten lassen. Aber denkt immer daran, **dass der Instinkt des Kranken trügerisch ist**, denn er bringt ihn zu den Nahrungsmitteln, die ihm schaden, zumindest solange er nicht nachhaltig die natürliche Ernährung praktiziert hat, was heißt, ich wiederhole, all das zu streichen, was vom Menschen verändert worden ist, und die Milchprodukte (in der Natur beginnt kein Tier, KEIN EINZIGES, nach der Entwöhnung wieder Muttermilch zu trinken) und alle handwerklichen und industriellen Produkte.

Kleiner Ratgeber zum Gesundwerden.

Wenn ihr während der Ernährungsänderung oder dem Halbfasten Verstopfung bekommt, dürft ihr euch auf keinen Fall beunruhigen, denn die Verstopfung ist Teil des Heilprozesses, der einige Tage andauert. Das Rektum wird sauber, die akuten Schmerzen hören auf, und ganz allmählich wandert der Heilungsprozess, der am untersten Punkt unseres Körpers begonnen hat, nach oben. Das heißt, wenn ihr keinen Stuhlgang habt, muss das kein Alarmzeichen sein.

Wenn ihr allergisch seid und den Test zur Bestimmung, wogegen ihr allergisch seid, gemacht habt, heißt das nicht, dass der Test alle Ursachen für eure Allergie ermittelt hat. Ich habe zum Beispiel vor vielen Jahren testen lassen, ob ich gegen Laktose und Laktulose allergisch bin. Der Test hat keine Allergie gegen Milchprodukte ermittelt. (Doch als ich begann, nach jeder Asthmakrise darauf zu achten, was ich am Tag davor gegessen hatte, gelang es mir zu verstehen, welche Nahrungsmittel die Asthmakrisen auslösten: Vor allem Milchprodukte, Bier und bestimmte Wurstwaren). Indem ich diese Nahrungsmittel für lange Zeit strich, strich ich endgültig aus meinem Leben das Asthma und die Allergien, und heute kann ich diese Nahrungsmittel wieder essen, ohne eine Krise zu bekommen.

Im Bessonderen, bei Allergeien und Asthma (und bronchial-pulmonale Infektionen) vor allem meiden:

alle Milchprodukte, Eis, Käse, Joghurt usw., die die Hautursache für Allergien, Asthma und bronchial-pulmonalen Infektionen und viele andere Krankheiten sind; dann Aufschnitt, **Wurstwaren**, Bier, Pilze, Dosenkost, **zu viel Fleisch, Brot**, Hefeprodukte. Die Zeit, die es braucht, um die ersten Ergebnisse zu sehen, hängt davon ab, wie sehr man sich an diese Hinweise hält, ein Monat, vielleicht eher, und das Asthma und die Allergie werden verschwinden.

Wendet meine Methode an: Wenn ihr heute eine asthmatische oder allergische Krise gehabt habt, versucht euch daran zu erinnern, was ihr gestern gegessen habt und vermeidet es, bis zur Gesundung!

Allgemein bei Schmerzen:
Wenig zum Frühstück essen und das Abendessen ausfallen lassen.

Bei Gastritis: Mehre Tage lang gekochten Fisch essen. Mehrere Mahlzeiten einnehmen und nur gekochten Fisch und gekochten Weißkohl essen. Tiefkühlfisch geht auch in Ordnung. Gekochter Weisskohl, Aubergineenn usw.

Vermeiden:

Milchprodukte alle, Brot, Süßspeisen, übler Speck, gebratener Speck, Pilze, Soßen, Soßen aus nicht frischen Tomaten, Wein, konservierte Lebensmittel, Tiefkühlgemüse, Vollkorngetreide zum Frühstück, Puffreis, zwei Getreidesorten zu einer Mahlzeit, eingepackte süße Snacks, Panettone, Pandoro, Schokolade, Wurstwaren und scharfe Kost. **Tee mit Honig, häufig getrunken über längere Zeit, verursacht Gastritis, wie auch Chilischoten mit Getreide (Reis oder Nudeln).**

Reden wir ein wenig über die Qualität der Speisen die wir in Italien essen. Vor einiger Zeit hatte ich Speck gebraten, damit er knusprig wird, und wollte ihn mit Nudeln essen. Der Rauch, der bald aus der Pfanne aufstieg, war schwarz und stank. Es verging einem die Lust ihn zu essen. Also habe ich ihn nicht gegessen.

Stattdessen, als ich in die gleiche Pfanne ein Stück Speck aus einem fremden Land gelegt habe, gab es keinen Gestank, keinen schwarzen Rauch, und wir haben unsere Nudeln mit Speck und mit großem Appetit gegessen.

Kolitis kann mit Verstopfung oder Durchfall einhergehen, mit, je nach Schweregrad, Blähungen, Schleim, Blut, mitunter sehr starken Krämpfen. Meiner Meinung nach sind Arzneimittel wirkungslos.
Die Therapie der Ernährungsänderung ist die wirkungsvollste, doch natürlich braucht sie ihre Zeit, bis sie ihre Wirkungskraft zeigt. Verzweifelt dennoch nicht und esst nur Nudeln mit einem gekochten Gemüse. Fisch kann helfen. Aufs höchste zu vermeiden sind Fleisch, alle Milchprodukte, zu viel Essen. Je strikter man sich an die Diät hält, umso früher kann sie wirken. Wenig Obst.
Das Halbfasten mit Obst (die 6 Tage, die ich gefastet habe sind eine glaubwürdige Zahl für viele Krankheiten) kann hervorragende Ergebnisse bei sehr vielen verschiedenen Krankheiten außer der Kolitis bringen, zum Beispiel bei Blasenentzündung, Ohrenentzündung, Mumps, Proktitis, Arthritis, Zahnschmerzen, Urethritis, Asthma, Hautkrankheiten, Gastritis usw. Es handelt sich nur um ein paar Tage, im Vergleich zu Jahren oder einem ganzen Leben des Leidens. Ich weiß, dass es sehr hart ist, doch ich empfehle ich auf jeden Fall, es auszuprobieren (für einige Tage): Es braucht etwas Entschiedenheit, Mut und ihr werdet sehen, dass euch nichts Schlimmes passiert. Doch natürlich ist die bipolare Diät viel leichter zu praktizieren!
Obst ist keine Medizin, in dem Sinne, dass es nichts nützt am Schluss einer normalen Mahlzeit ein Stück Obst zu essen. Obst hat eine unglaubliche Wirkung, aber nur wenn es als einzige Kost über mehrere Tage gegessen wird. Es handelt sich praktisch darum, dem Organismus zu erlauben, jahrelang in seinem Innern angesammelte toxische Rückstände, welche die Ursache, für eine Vielzahl an Symptomen auch akuten mit den Namen von den verschiedensten Krankheiten sind, auszuscheiden. Es gibt kein Arzneimittel, das das kann: Während das Halbfasten mit Obst oder mit Gemüse und Getreide, es schafft. Vor Jahren habe ich die

Kolitis damit besiegt (Kennen Sie jemanden in Italien, der die Kolitis besiegt hat?): Ich aß nur Obst sechs Tage lang in einem Zentrum für Hygienetherapien und mir war es gelungen, die Kolitis zu normalisieren.

Bei Durchfall ist das Halbfasten mit Obst oder gekochten Weißkohl oder Fisch oder Nudeln oder Buchweizen absolut notwendig.

Bei Blasenentzündung, Urethritis die gleiche Diät wie bei der Kolitis. Blasenentzündung ist eine schmerzhafte Krankheit; das urinieren brennt fürchterlich und man muss unendlich viele Male am Tag urinieren. Ich erinnere mich nicht genau, welche Pflanzen mir geholfen haben, ich erinnere mich aber, gefastet zu haben. Eine Blasenentzündung bricht durch das Fasten mit aller Macht aus, man muss im Bett bleiben, aber das dauert drei Tage, höchstens vier, und dann verschwindet sie endgültig.

Schmerztherapie und Therapie gegen chronische Müdigkeit (Erschöpfung).
Kot im Rektum kann die Schmerzen der Blasenentzündung verstärken (wie auch die anderer Krankheiten) und neben anderen Problemen zu noch mehr Brennen beim Wasser lassen, eine große Müdigkeit und Erschöpfung führen. Prüft deswegen nach, ob das Rektum immer sauber ist, besonders wenn man Beschwerden welcher Natur auch immer hat, besonders wenn die Schmerzen stark oder chronisch sind. **Das Rektum ist die Schmerzzentrale des Körpers** bei sehr vielen Krankheiten und sehr vielen verschiedenen Schmerzzuständen. Wenn es sauber ist, lässt der Schmerz wie durch Zauberei nach; wenn es das nicht ist, dann kann der Schmerz andauern. Ich wiederhole, nach meinem bescheidenem Urteil ist dies bei vielen verschiedenen Krankheiten so und muss deswegen mehrmals am Tag geprüft werden. Um es zu prüfen, verzeiht mir und nehmt keinen Anstoß daran, muss man sich nicht anstrengen oder ein Klistier benutzen: Man nimmt den Mittelfinger, denn im Rektum des Kranken bleibt Kot, ohne dass er es bemerkt oder den Drang hat zu koten. Etwas Kot klebt am Rektum fest und wird nicht ausgeschieden,

es sei denn, man bedient sich der mechanischen Hilfe des Fingers. Die Erleichterung kommt sofort. So hat es mich ein Hygieniker gelehrt (an den ich mich wendete, um zu Fasten) und mir erwies es sich als sehr wahr.
Diese Reinigungsmethodde sollte meiner Meinung nach allen bekannt sein, die Schmerzen leiden.
Streichen: Kaffee, Reis und alle Milchprodukte.
Wenig essen, Auberginen, Fisch, Nudeln oder Buchweizen. Zu viel Salz und Gebratenes vermeiden.

Diabetes: Buchweizen statt Brot und Nudeln.

Bei Infektionen jeder Art, welches Organ auch immer betroffen ist, das gleiche Konzept (vor allem Milchprodukte, Eier, zu viel Fleisch, Speisen mit Hefe, Tiefkühlgemüse, chemische Süßspeisen streichen). Und sehr wenig essen.
Auch bei den seltenen Krankheiten, ich nenne hier nur zystische Fibrose, gelten alle oben genannten Konzepte: Keine Milchprodukte. Das Getreide wechseln, beim Buchweizen bleiben.
Lasst euch keine Angst von der Krankheit machen, ändert die Ernährung und wenn ihr immer noch leidet, zieht ernsthaft das Halbfasten in Betracht.

Bevor ihr euch operieren lasst, aus welchen Grund auch immer, zieht einige wenige Tage des Halbfastens in Betracht!

Anale Rhagaden
Ich kenne eine Person, die, weil sie nicht ihre Ernährung ändern wollte und nicht fasten wollte, die Rhagaden mit einem täglichen kleinen Kamilleneinlauf zehn Tage lang geheilt hat. Sie hatte Verstopfungsproblemen und mit der Hartleibigkeit taten die Rhagaden immer mehr weh. Sie hatte alles versucht, Salben ohne Ende, auch eine Creme, welche ihr der Allgemeinarzt zu einem Preis von 90 Euro für eine kleine 20 Gramm Tube, die keine Resultate zeigte, verabreichte.

Um stark geschwollene Gliedmaßen, den stark geschwollenen Bauch oder Darm abzuschwellen:
1 Mit dem Rauchen aufhören (für den, der raucht).
2 Fisch auch Thunfisch aus der Dose.
3 KAMILLENTEE am Abend ohne Zucker.
Zigaretten: Besonders das Rauchen nach einem Teller Reis meiden.
4 Gekochter Kohl.

Zum Abnehmen: Vor allem Reis mit gekochten Zucchini oder Radicchio oder frischen Tomaten oder mit rohem Weißkohl essen.
Den Reis mit Nudeln abwechseln.
Vermeiden: Gekochtes Gemüse, Eier, zu viel Fleisch, zu viel Getreide, Vollkorngetreide, Puffreis.
Nicht rauchen, wenig Kaffee trinken.
Fisch , Thunfisch aus der Dose.
Wer sehr geschwächt ist:
Geriebene Karotte, gekochter Weißkohl.
Auberginen mit Nudeln.
Reis oder Nudeln mit Radicchio.
Reis mit Kochfisch.
Obst zwischendurch.

Bei Nierenkolliken: Ich selbst habe nie die Erfahrung gemacht; ich weiß nur, dass meine Mutter (die 73 Jahre alt ist) ihr ganzes Leben lang an Nierenkolliken gelitten hat, oft mit Harngrießbei den Urinuntersuchungen. Eines Tages vor einigen Jahren hatte ich ihr empfohlen, damit aufzuhören, zu viel gekochtes Gemüse (sie kochte sich seit je her jeden Tag Zucchini, Auberginen oder Zucchini, Paprika und Auberginen zusammen) zu essen.
Sie hörte damit auf, all dieses Gemüse zu kochen und zu essen und hatte seitdem nie wieder Nierenkolliken.

Bei Stimmungsschwankungen, mentalen Krankheiten:
Vor allem Reis und Milprodukte vermeiden.
Mit dem Rauchen aufhören.

Weißkohl mit Nudeln oder
Auberginen mit Buchweizen.
Gekochte Kartoffeln mit Salat.
Buchweizen mit Rettich.
Die gekochte Tomate ist die Frucht der Antidepression!
Halbfasten und Fasten.

Für die Leber und die Sehkraft:
Die gleichen bereits gesagten Dinge: Ein gekochtes Gemüse und
ein Getreide. Spinat und Nudeln sind am besten. Radicchio, gekochter Fisch, Kräutertee aus Beifuss, um die Steine auszuscheiden; ein Teelöffel Beifuss für eine Tasse Wasser: Den Aufguss
fünf Minuten kochen und zehn Minuten nach dem Mittagessen
trinken. **(Wer in den Augen vergrößerte Blutgefäße hat
(Trachome) sollte Hülsenfrüchte und vor allem Bohnen
vermeiden).**
Besonders gut für die Sehkraft: Buchweizen und Fisch.
Nudeln und Spinat.

**Nach dem Ausstoßen und gegen Schwellungen des Ma-
gens und des Darms. Bohnen, avocado.**

Wichtig: Während der Behandlung immer zuerst Yin (gekochtes Gemüse oder Fisch) und dann Yang (Getreide) essen. 5-10
Minuten zwischen den 2 Nahrungsmitteln abwarten. Das heißt,
zum Beispiel erst den Spinat essen, 10 Minuten warten und dann
die Nudeln essen, denn der Spinat, der Yin ist, hat die Funktion
zu reinigen und den Organismus zu öffnen. Die Nudeln sind Yang
und schließen den Prozess, indem sie den Inhalt nach unten
transportieren.
Die wirkungsvollste Ernährungsbehandlung, die ich kenne,
macht es erforderlich, nur 2 Nahrungsmittel zu jeder Mahlzeit zu
sich zu nehmen, ohne irgend eine andere Beilage; nur wenn man
den heilenden Nahrungsmitteln Zeit lässt zu wirken, kann man
Ergebnisse erzielen. In der Praxis ist unser Darm voll mit Bakterien, die der Ursprung von fast allen Krankheiten sind. **Die hier
vorgeschlagene natürliche Ernährung erlaubt unserem**

Körper, sich zu ernähren ohne den schädlichen Bakterien Nahrung zu geben, die in den Darm zurückkehren, um einfach ausgeschieden zu werden.
Auf diese Weise wird man gesund. Es ist klar, dass man etwas Hunger (oder einfach ein Hungergefühl) verspüren kann, doch es ist wichtig , sich kontrollieren zu können, wenigstens für 10-15 Tage.
Wenn man beginnt ein starkes Hungergefühl zu verspüren, muss man dem noch mindestens 2-3 Tage widerstehen, um das Heilungsergebnis zu festigen und zu erhöhen.

Ernährt man sich zum Beispiel nur von Spinat und Nudeln, wird der Heilungsprozess, der in den Tagen des großen Hungers zum Abschluss kommt, beschleunigt.

Knochen, Zähne und Nägel: Geriebene Karotten, Auberginen.

Augen (Kurzsichtigkeit): Spinat und Nudeln, Spinat und Buchweizen, Fisch und Buchweizen.

Neuralgien: Keine Bratkartoffeln, kein Reis, kein Fleisch. Süßspeisen, Fisch, Buchweizen ja.

Zähne: Auberginen, Fisch, geriebene Karotten, Nudeln, keine Milchprodukte.

Darm: Keine Milchprodukte und kein Fleisch, kein rohes Gemüse (außer Karotten)

Darmkrämpfe: Kein Fleisch, Reis und keine rohen Karotten. Fisch und Nudeln ja. Gekochter Buchweizen, Wirsing und Weißkohl, Buchweizen anstatt des üblichen Getreides.

Mittelohrentzündung: Keine Milchprodukte, kein Fleisch, Reis, zu viel Getreide. Auberginen und Buchweizen, Fisch ja. Gekochter Wirsing oder Weißkohl ja.

Gekochte Kartoffeln und Nudeln, eine weitere wirkende Kombination bei Zahnschmerzen.

Ich hatte die Möglichkeit, die Wirkung von nicht gesiebter natürlicher Kamille (ich meine nicht in Beuteln) zu testen. Ich habe davon nach dem Abendessen (besser, das Abendessen ausfallen lassen oder auch, wirklich wenig zum Abend essen) zwei Esslöffeln voll in einem großen Glas Wasser eingenommen. Hier nun, was mir passiert ist: Die Heilung eines seit Monaten, trotz meiner Ernährung auf Basis von Fisch, Obst, Gemüse und Getreide schmerzenden Fingers nach einem Bruch, beträchtliche Erleichterung bei Darmschwellungen und vielen anderen Problemen des Darms und des Körpers. **Kamille erhöht die Anzahl der weißen Blutkörperchen sehr stark.** Ich habe die Kamille ohne Zucker getrunken.
Kamille ist also gut für die Knochen, Zähne und den Darm.

Wer zu viel und von allem zu einer Mahlzeit isst – wie Antipasta, Vorspeise, Hauptspeise, Käse, Gemüse und Kaffee – kann niemals herausbekommen, welche Kost für ihn positiv und welche schlecht für ihn ist, denn in diesem Mix aus Nahrungsmitteln kann man am Tag darauf nicht unterscheiden, was positiv gewesen war und was nicht. Nur bei der bipolaren Ernährung kann der, der sie praktiziert, jeden Tag die richtige Kost wählen.
Diese Ernährung ist darum die schonendste, verdaulichste und sicherste Ernährung, die es in der Natur gibt. Sie ist geeignet für diejenigen, die sehr leidend oder sehr anfällig sind, aber auch für sehr kleine Kinder.

Alles mit wenig Wasser, einem Tropen Öl und ein wenig Salz kochen. Nur zwei Hauptmahlzeiten am Tag einnehmen.

Wenn man erst einmal wieder gesund ist, kann man wieder beginnen, fast alles zu essen!

Welche Krankheiten mit dieser einfachen Methode geheilt werden können, kann euch nur eure Erfahrung sagen, die Erfahrung derjenigen, die sich, weil sie leiden, an diese ganz einfache Ernährung gewöhnen werden. Was mich betrifft, kann ich sagen, dass ich mit dieser Ernährung, ohne irgendwelche Arzneimittel einzunehmen, Krankheiten heilen konnte, die ich seit meiner Kindheit mit mir herum schleppte, und dass ich heute keine Arzneimittel mehr einnehme, weil ich keine Leiden mehr habe.

Ich habe chronische Krankheiten, die ich seit zig Jahren hatte, geheilt: Chronische und antibiotikaresistente Infektionen, Karies und Zahnschmerzen (ich habe im Laufe der Jahre viele Zähne aufgrund meines heiklen Gesundheitszustands durch die chronische Diarrhöe verloren) und habe unglaublicherweise meine Sehkraft wieder hergestellt. Ich möchte präzisieren, dass die Heilung während der zwei Wochen Ernährungsbehandlung erfolgt, wenn man mit der Ernährung weitermacht, festigt sich die Heilung.

Ausgewählte Kost in geringen Mengen ist für mich zu einer sehr wirkungsvollen und zur einzigen Medizin geworden, die Medizin, die Gott der Schöpfer der Menschheit zur Verfügung gestellt hat, die man jedoch nutzen wissen muss.

Die vielen ärztlichen Untersuchungen, die ich im Laufe von Jahren habe machen lassen, vor allem die Darmspiegelung (ich habe weitere drei sehr schmerzhafte über mich ergehen lassen müssen), aber auch die Impfungen gegen die Allergien, die Thermalwasserspülungen der Nase für die antibiotikaresistente Mittelohrentzündung, haben nichts genützt, um eine Heilung zu erreichen.

WICHTIGE MELDUNGEN

Seht euch auf der Internetseite von Italia 1, Le Iene, die lehrreiche Geschichte des Herrns, der **mit der vegetarischen Ernährung seinen Tumor, der bereits Metastasen gebildet hatte, heilte.** Folge vom 5, März 2014.

http://www.video.mediaset.it/video/iene/full/443507/puntata-del-5-marzo.html

http://www.lafucina.it/2014/03/14/il-farmaco-che-puo-uccidere-ma-che-in-italia-e-venduto/#

http://www.forskning.se/nyheterfakta/teman/antibioticresistance/tenquestionsandanswers/isitpossibletostopthedevelopmentofre-
sistance.5.1fcdf482138244d18752de.html#.UzF6N6RqAjg.facebook
(Von der schwedischen Internetseite über die Forschung , auf Englisch. Thema: Die Entwicklung der Antibiotikaresistenz, nur Hoffnungen und kaum Optimismus.)

http://salute24.ilsole24ore.com/articles/14643-guarisce-dal-cancro-al-colon-cambiando-dieta-frutta-e-verdura-lo-salvano
Von Il Sole 24 ORE.com, leider gibt es kein Datum, doch die Nachricht müsste von 2012 sein!
Jahren des Schweigens und der Fehlinformation!

http://genova.repubblica.it/cronaca/2014/04/11/news/savona_violenze_su_malati_psichiatrici_dodiciarresti_per_maltrattamenti-83294065/
Es gibt nicht nur so offensichtliche Misshandlungen in den öffentlichen Strukturen: Es gibt auch eine subtile Gewalt, bestehend aus täglichen Einschüchterungen, mehr oder weniger versteckte Drohungen gegen die Kranken. Und du gerätst in Teufels Küche, wenn du dich weigerst diese Pharmaka zu nehmen, mit denen es dir SEHR SCHLECHT geht. Sie geben dir noch mehr. Und mit GEWALT.

Meine Anleitung zu den natürlichen Heilmethoden hat sich durch das Besuchen von Zentren für das therapeutische Fasten und die vegane Ernährung ausgebildet.

In diesen Zentren, ungefähr 1999, lernte ich, dass viele Personen in den Hygienezentren die schwersten und verschiedensten Krankheiten mit Halbfasten behandeln.

Es ist mir dennoch wichtig, klar zu stellen, dass ich persönlich von den Denkströmen der natürlichen Medizin Abstand genommen habe, weil sie mir zu extremistisch sind. Nur Obst zu essen (für Monate oder Jahre, wie ich es bei einigen Hygienikern gesehen habe) bringt schwere physische und psychische Probleme mit sich, Zahnverlust, exzessiver Gewichtsverlust, Konzentrationsverlust.

Auch mit der Rohkostdiät stimme ich nicht überein, zu viel Wasser für den Magen und Schwierigkeit, es bei sich zu behalten. Und dann sind die zentrifugierten Gemüsesäfte wirklich eklig. Es ist wirklich nicht nötig, tagelang nur Gemüsesäfte zu trinken, um gesund zu werden: Es ist sehr schwierig.

Und dann kann jemand, der starke Darmprobleme wie die Diarrhöe hat, sicher nicht hauptsächlich rohes Gemüse essen, das den Bauch aufbläht und die Diarrhöe verschlimmert. Es gibt (außer Äpfeln) meines Wissens keine rohen pflanzliche Nahrungsmittel, welche Durchfall stoppen, während der Weißkohl gekocht diese Wirkung hat.

Außerdem, was schlimm ist, führt die Ernährung, die sich hauptsächlich auf Rohkost stützt, zur Entkalkung der Zähne und anderen zahlreichen Problemen, und die Rohköstler, die ich kennen gelernt habe, sind all mager und schwach. Der Mensch ist keine Ziege, pflanzliche Kost ist wunderbar, aber vor allem gekocht, oder in jedem Fall ausgewogen zwischen roh und gekocht! Und Ergebnisse erzielt man, in kurzer Zeit, wenn man wenig isst, was viel wichtiger ist, als nur Rohkost zu essen, was außerdem unnatürlich ist und nicht erlaubt, sich an einer guten und gesunden Küche zu erfreuen. Die Makrobiotik, die empfahl zehn Tage lang nur Reis zu essen, ist in meinen Augen eine weitere Absurdität und zudem gefährlich für den Geist und den Körper. Nach Jahren des Ausprobierens, Suchens und kleinen Fastenkuren, habe ich endlich den Weg gefunden, der eben im Essen von zwei einzelnen Nahrungsmitteln pro Mahlzeit, vorwiegend gekocht und in kleinen Mengen, liegt, wie ich es oben beschrieben habe.

Das ist, wenn wir so wollen, die Synthese vieler Schriften und vieler naturheilkundlicher Schulen, doch es ist der einfache Weg, der mit der Zeit große Genugtuungen bringt, während alle anderen Ernährungsschulen und natürlichen Behandlungen harte und schwierig zu praktizierende und über die Zeit durchzuhaltende Wege beschreiten.

Als letztes fällt mir dazu ein, dass vielleicht diese Ernährung auch unseren Tierfreunden helfen könnte, wenn sie krank sind: Gekochter Kohl und Getreide, Reis, Nudeln, Buchweizen, Fisch! Die Hunde mit Zahnproblemen, welche Nahrungsmittel bekommen sie von ihren Besitzern?

Verbreitet die Inhalte dieses Buchs und teilt sie, spricht mit euren Freunden, macht sie Alten, Kranken, Leidenden und Kindern bekannt. Ausprobieren um kennenzulernen, verändern wir die Welt, bieten wir denen, die leiden, eine reelle Hilfe. Die Arzneimittel, Antibiotika sind fast alle schädlich und heilen niemanden.

Diese Informationen sind die Frucht jahrelangen Studiums und persönlicher Tests, eine Forschung, die ich autonom voran getrieben habe unter dem Diktat des Leidens. Als ehemaliger Kranker mit vielen Beschwerden, frage ich mich: Wieso stoßen, obwohl es Personen gibt, die mit zur Schulmedizin alternativen Methoden gesund geworden sind, diese Heilungen auf taubes Schweigen? Warum holen sich die Herren Ärzte nicht mit dem Veröffentlichen dieser Tatsachen Ruhm? Wieso werden Personen spontan und ohne Medizin gesund? Weil sie SPONTAN und UNBEWUSST ihre Ernährung ändern, und ihrem Instinkt folgend diese Änderung mehrere Tage beibehalten. Ich habe auf diese Weise sogar meine Zähne geheilt! Die Zähne sind nichts anderes als Teil unseres Organismus, und ich bin überzeugt davon, dass die Zähne mit der richtigen Ernährung gesund werden können (streicht vor allem die Milchprodukte!)

Hier die Bemühungen der Ärzte: Ein Werbeplakat in der Stadt, das eine winzig kleine (aber große) Wahrheit über die

Antibiotika verkündet. Das ist alles, was man über die Unwirksamkeit medizinischer Behandlungen sagen kann? Verdient sie nur diese eine Werbung?

Ohne Regeln wirken Antibiotika nicht. Befolgen Sie immer die Anweisungen Ihres Arztes. Nehmen Sie keine Antibiotika, um Schnupfen oder grippale Infekte zu behandeln.
"Das Kartell wurde von AIFA veröffentlicht: italienisch Drug Agency".

Es ist sehr wohl wahr, dass ein Allergiker eine höhere Empfindlichkeit auf Allergene, Pollen, Staub, Schimmel usw. hat, doch meine Erfahrung war, dass die Allergien und auch das Asthma endgültig verschwanden, nachdem ich einige Nahrungsmittel gestrichen hattee, etwas, was kein Arzt mir jemals geraten hatte, und nicht als ich Histamin-Rezeptorblocker genommen hatte.
Und wie für Asthma und Allergien so sind die Arzneimittel für alle anderen Krankheiten, die ich genannt habe, für mich nur

Linderungsmittel, mit vielen schweren Gegenanzeigen: Nur die natürliche Ernährung hat mir wirklich Heilung gebracht.

Die Folgen der öffentlichen psychiatrischen "Heilbehandlungen".
Hier sind nur einige der VON MIR DAVON GETRAGENEN SCHÄDEN zwischen 2001 und 2013 einschließlich.

1 Fünfzehn Stunden am Tag schlafen, für Jahre
2 Gewichtszunahme bis zu 105 Kilo von 68, in weniger als einem Jahr. Ich war mein ganzes Leben mager und habe nie mehr als 67-68 Kilo gewogen!
3 Durchfall fünfzehnmal am Tag, für Jahre, eine Sache, die kaum zu glauben ist: Ich stand am Morgen auf und dann bis 13 Uhr wanderte ich zwischen Klo und Bett hin und her, in einem Zustand der Erschöpfung und mit grauenhaften Schmerzen.
4 Kein Sex mehr.
5 Gedächtnisverlust.
6 Totaler Verlust der Körperkraft.
7 Kein Arbeiten möglich.
8 blockierte Atmung sobald ich mich hinlegte und während des Schlafs, sodass ich plötzlich im Panikzustand, weil ich nicht atmen konnte, aus dem Schlaf aufschreckte.
9 Ständiges Gefühl Erbrechen zu müssen, für Monat und Jahre.
10 Halluzinationen von Pharmaka!
11 Durch Pharmaka ausgelöste Ängste (Zi...xa vor allem, aber auch andere)
12 Enorme Schäden an den Zähnen.
13 Und noch mehr.

Zi ... xa und viele andere Psychofarmaka verwandelten mich in diesen Zustand.

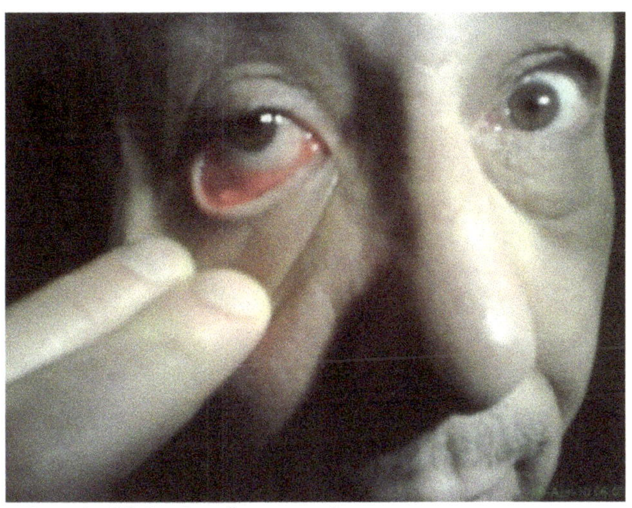

Die Folgen der psychiatrischen "Behandlungen", zu denen ich gezwungen wurde.

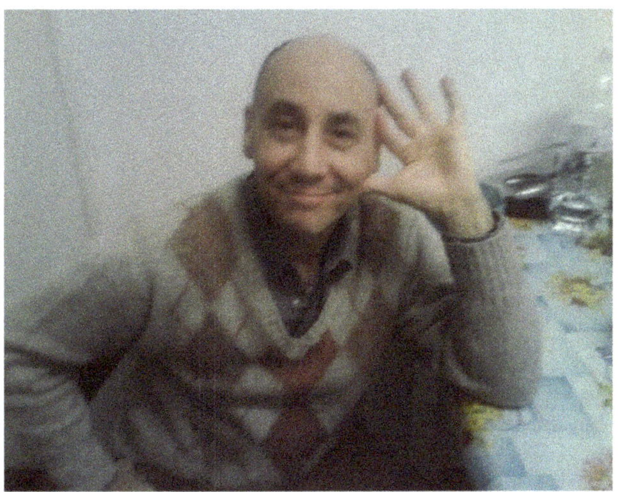

Nach dem Fasten von 2009.

Entschuldigt, aber es kann jedem in Italien passieren, an Stimmungs- und Störungsstimmungen zu erkranken, doch, findet ihr es normal, wenn er dann diese und andere **"Dienste"** erhält?

82

Ich heiße Riccardo Tomasi, ich bin in Triest geboren, wohne aber in Brescia. Ich bin 51 Jahre alt. Ich habe das klassische Gymnasium besucht und habe mit 46 Jahren mein Diplom gemacht. Ich habe an der Universität studiert, doch ich habe den Doktor nicht geschafft.

Mein Vater ist ein hoher Offizier der italienischen Luftwaffe in Rente und Ritter der Italienischen Republik.

Mein Großvater Nereo aus Friaul war Mathematikprofessor in Italien und Violoncellolehrer, er wurde von seinen Schülern, denen er während des zweiten Weltkriegs kostenlose Abendkurse in Buchhaltung gab, sehr geliebt. Schachspieler auf Weltniveau, lehrte er mich Schach als ich 3 Jahre alt war. Er starb vorzeitig mit 64 Jahren an Hepatitis und ließ meine liebe Großmutter Amelia 40 Jahre lang allein.

Mein lieber Urgroßvater Antonio, Papa von Nereo war Oberst des italienischen Heeres, er kämpfte im ersten Weltkrieg und bekam einen Orden. Danach wurde er Industrieller für Trockeneis.

Großvater Giorgio, Industrieller, durch und durch Triestiner war einfach sehr sehr sympathisch.

Zum Welt kleines Buch: Sie können wahre Heilung bringen allen, die leiden.

Bibliografie.

Manuel Lezaeta "La medicina naturale alla portata di tutti".
Georges Ohsawa "La dieta Macrobiotica".
Georges Ohsawa "Cure naturali per il male incurabile".
Herbert Shelton, verschiedene Bücher über das Fasten.
Jean Valnet"Cura delle malattie con ortaggi frutta e cereali ".

Ich danke dem Verlag www.youcanprint.it aus Lecce, Italien, und seinem Team für die Freundlichkeit und Professionalität.

Gedruckt in den Monat Juni 2015
im Namen Youcanprint Selbst - Publishing